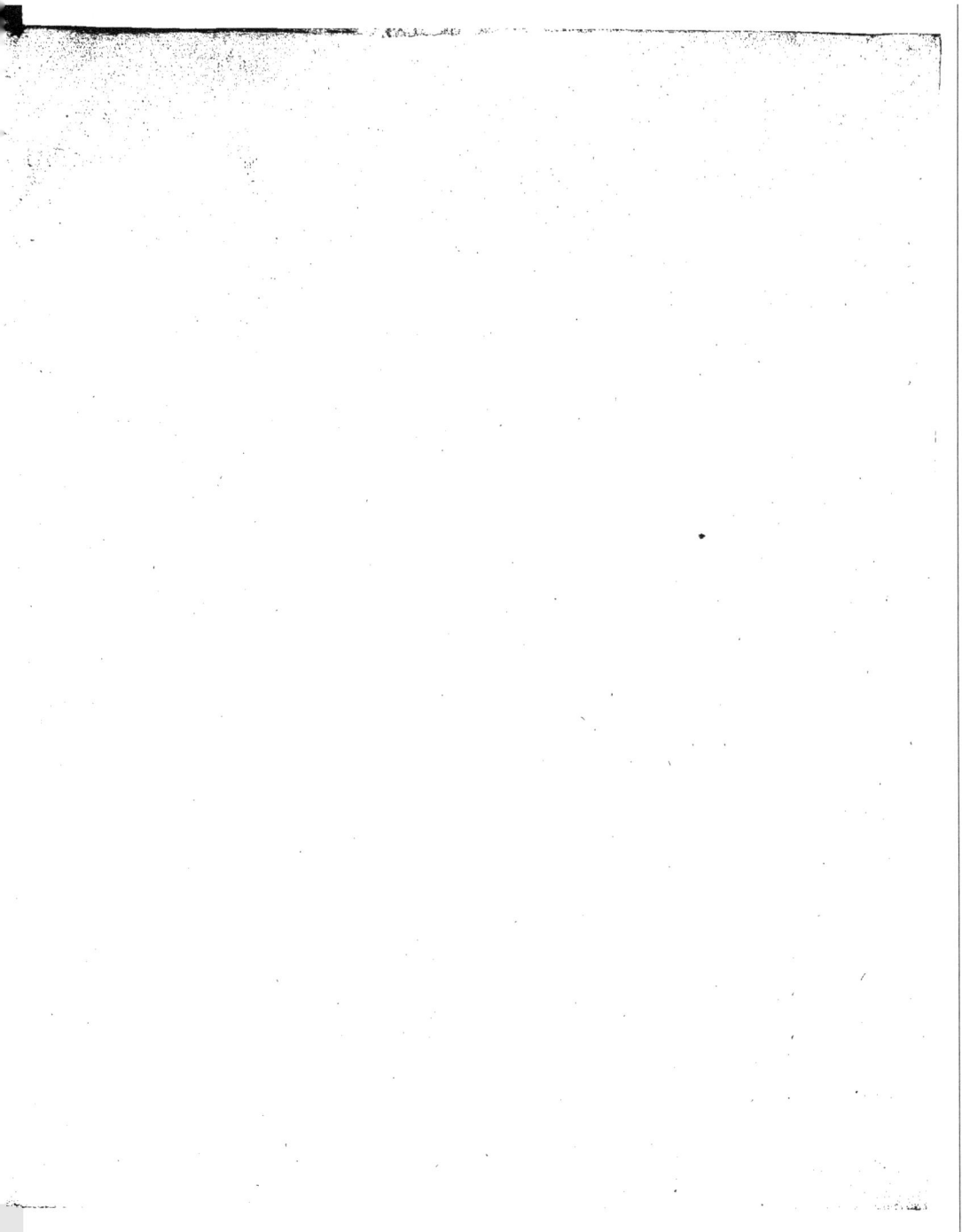

VENTES DE MEUBLES A TERME

CONCURRENCE

DES

COMMISSAIRES-PRISEURS

HUISSIERS & GREFFIERS.

RAPPORT

Présenté à la Chambre des Notaires, par M⁰ BRAINE, Notaire à Arras.

SÉANCE DU 12 MARS 1861

ARRAS

TYPOGRAPHIE ET LITHOGRAPHIE D'ALPHONSE BRISSY, RUE DES CAPUCINS, 22.

1861

Messieurs,

Dans sa séance du 14 février dernier, la Chambre des Notaires de l'arrondissement d'Arras a nommé une Commission de quatre Membres (1), chargés de s'entendre avec Mes Cabuil, avoué, et Lenglet, avocat, désignés par la Chambre, sur l'instance à introduire, s'il y a lieu, contre les Huissiers qui annoncent chaque jour des ventes de meubles avec long délai pour le paiement.

Désirant auparavant qu'un Rapport lui fût soumis sur le droit des Commissaires-Priseurs, Huissiers et Greffiers, de procéder aux ventes de meubles à terme autres que celles indiquées par la loi de 1851, concurremment avec les Notaires.

Chargé de ce travail, je viens réclamer votre indulgence pour une tâche qui aurait été bien mieux remplie par un autre que par moi.

La question qui nous occupe a déjà soulevé bien des difficultés, et de nombreuses décisions judiciaires sont intervenues sans cependant la résoudre d'une manière définitive. Je vais essayer de les analyser ainsi que les discussions législatives, de manière à réfuter les arguments présentés en faveur de nos adversaires.

---

(1) MM. Hovine, Bollet, Vasselle et Braine.

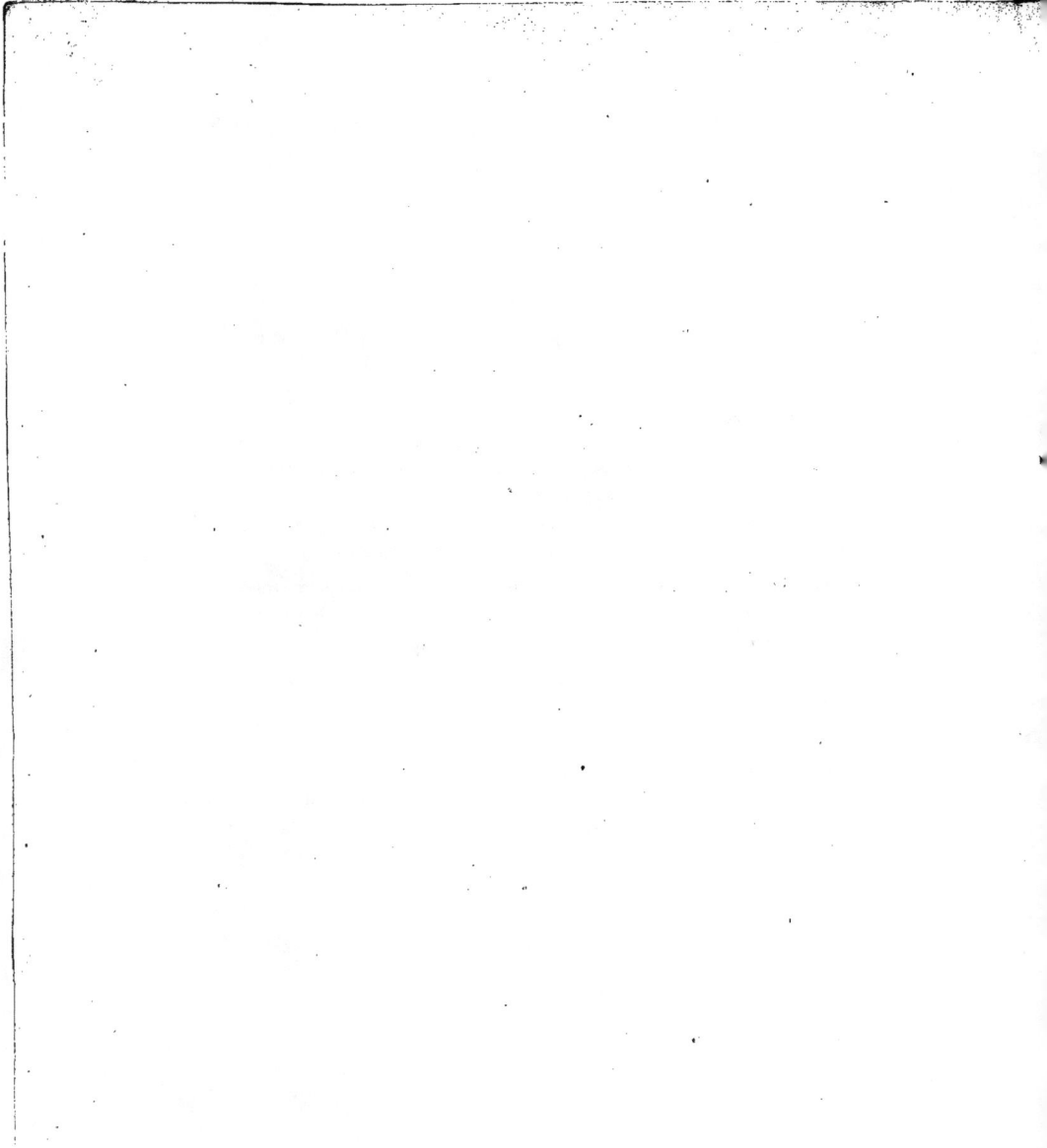

RAPPORT

Je diviserai ce Rapport en deux parties :

Dans la première, j'exposerai les nombreuses décisions judiciaires rendues sur les attributions contestées entre les Notaires d'une part, les Commissaires-Priseurs, Greffiers et Huissiers d'autre part;

Dans la seconde, je donnerai l'historique du projet de loi soumis à la Chambre des Députés en 1840, en remontant aux projets précédemment présentés aux deux Chambres législatives, de manière à embrasser tous les faits judiciaires et législatifs qui se rattachent à cette grave et importante question (1).

Bien que la loi du 3 juin 1851 ait attribué aux Commissaires-Priseurs, Huissiers et Greffiers le droit de procéder aux ventes de fruits et récoltes pendants par racines et de coupes de bois taillis concurremment avec les Notaires, et qu'il ne devrait pas être question ici de cette espèce de vente, je me verrai forcé d'en parler pour établir d'une manière précise le droit des Notaires de procéder seuls aux ventes de meubles à terme.

PREMIÈRE PARTIE.

Législation ancienne. — Jurisprudence de la Cour de Cassation et des Cours impériales.

La loi du *26 juillet 1790* avait supprimé les offices de Jurés-Priseurs et Vendeurs de meubles, créés par un édit du mois de février 1771, une autre loi du même jour autorisa les Notaires, Greffiers et Huissiers à faire les ventes de meubles dans tous les lieux où

_____

(1) V. J. N° 10,814.

elles étaient précédemment faites par les Jurés-Priseurs; la loi du *17 septembre 1795* confirma cette attribution, supprima les fonctions des Huissiers-Priseurs de Paris et régla le prix des vacations pour les ventes de meubles.

La loi du *27 ventôse an IX* établit des Commissaires-Priseurs et Vendeurs de meubles chargés exclusivement des prisées des meubles et des ventes publiques aux enchères d'effets mobiliers qui auraient lieu à Paris. La concurrence leur fut accordée pour les ventes de même nature qui se feraient dans le département de la Seine; enfin, l'article 89 de la loi du *28 avril 1816* autorisa le Gouvernement à établir dans toutes les villes et lieux où il le jugerait convenable, des Commissaires-Priseurs dont les attributions seraient les mêmes que celles des Commissaires-Priseurs de Paris.

Sous la législation antérieure à la loi du 28 avril 1816, aucune difficulté ne s'était élevée entre les Notaires, les Huissiers et Greffiers relativement aux ventes aux enchères. Les jugements et arrêts rendus postérieurement n'avaient rapport pour la plupart qu'aux fruits et récoltes pendants par racines dont nous n'avons pas à nous occuper, mais cependant il est nécessaire de les analyser; plusieurs considérants étant relatifs à la question que nous devons traiter, je citerai d'abord un arrêt de la Cour de Cassation du 1er juin 1822, *Chambres réunies*, sous la présidence de M. le Garde-des-Sceaux, arrêt qui rejette le pourvoi formé par les Commissaires-Priseurs d'Hazebrouck (1).

Cet arrêt doit éveiller l'attention : M. Mourre, qui remplissait alors les fonctions de Procureur général, développa dans de savantes conclusions un système qui, quoique différent de celui consacré par l'arrêt, tendait au même résultat. Ce Magistrat admettait que par ces mots : *Effets mobiliers*, le Code civil avait pu comprendre même les fruits pendants par racines, mais il établissait que la nature et les limites nécessaires des attributions des Commissaires-Priseurs, le caractère de leurs procès-verbaux était un obstacle invincible à ce qu'ils pussent vendre des objets de ce genre, et ce système il le fondait principalement sur ce que ces Officiers ministériels *ne peuvent vendre qu'au comptant*. La lumineuse dissertation de M. le Procureur général Mourre semblerait avoir été faite tout exprès pour cette question, et il est d'un intérêt actuel d'en citer quelques passages que nous empruntons au *Journal des Notaires :*

« Il faut dire à la Cour, ainsi s'exprimait le savant Magistrat, que les Commissaires-Priseurs *ne peuvent vendre qu'au comptant, c'est un point qui n'est pas susceptible du moindre doute...* Bien entendu que le Commissaire-Priseur peut faire crédit à l'adjudicataire; mais c'est là son affaire; les parties qui poursuivent la vente n'entrent pour rien dans cette complaisance. Elles ne connaissent que le Commissaire-Priseur, et c'est à celui-

(1) V. J. N° 10,814.

ci à supporter tous les risques du crédit. — Et comment pourrait-il en être autrement? Le procès-verbal *n'a pas de force exécutoire;* il ne fait *pas même titre contre les tiers, puisque les tiers ne l'ont pas signé.* Comment les parties venderesses pourraient-elles prendre le procès-verbal pour équivalent de la somme qui aurait dû être payée comptant? Que feraient-elles d'un pareil titre, *qui n'a aucun caractère constitutif de créance contre les tiers !* Et quand même le procès-verbal aurait le caractère d'une preuve, *ce qui n'est pas, aurait-il une exécution parée?* Faudra-t-il que les vendeurs intentent une action contre chacun des adjudicataires? Quand le Commissaire-Priseur vend à crédit, il sait bien ce qu'il fait, il connaît particulièrement les adjudicataires. Si sa confiance est trompée, tant pis pour lui. Encore une fois, *la loi suppose toujours que le prix a été payé comptant.*

» Nul doute que s'il s'agit de meubles meublants, de linge, de hardes, d'argenterie et d'autres objets de cette nature, les Commissaires-Priseurs n'aient le droit exclusif de les crier et de les vendre aux enchères, lors même que la vente est volontaire. Pourquoi? Parce qu'alors le Commissaire-Priseur *peut et doit recevoir comptant.*

» Nous concluons que les Commissaires, *qui ne peuvent vendre qu'au comptant*, ne peuvent se mêler d'une vente *où il échet de donner terme et délai.* Nous disons *où il échet,* parce qu'il peut bien arriver que cela ne soit pas; mais il suffit qu'une vente soit de nature à recevoir pareille stipulation pour que les Commissaires-Priseurs soient exclus d'y procéder.

» Et par cela même qu'une vente est susceptible d'un délai pour le paiement, elle est *susceptible aussi de cautionnement, d'hypothèques, de clauses pénales et résolutoires, de toutes les garanties enfin du droit commun.* Comment les Commissaires-Priseurs pourraient-ils recevoir les conventions des parties et en assurer l'exécution? »

Alors, comme aujourd'hui, on invoquait en faveur des Commissaires-Priseurs les anciennes lois et règlements. M. le Procureur général parcourt ces divers monuments, et il prouve qu'ils n'attribuaient aux Huissiers-Priseurs que les ventes *qui devaient nécessairement être faites au comptant et qui n'étaient pas susceptibles de conventions.* Nous reviendrons sur cette partie de la discussion, en examinant le rapport de la Commission de la Chambre des Députés, qui donne aux anciennes lois une interprétation tout à fait contraire. M. le Procureur général se résumait en ces termes :

« En dernière analyse, il s'agit de savoir si la vente *susceptible de terme et délai pour le paiement, susceptible conséquemment de toutes les stipulations du droit commun,* peut être dans les attributions des Commissaires-Priseurs. *Nous avons trouvé juste l'acception que les Commissaires-Priseurs donnent aux effets mobiliers;* mais nous avons dit que, *par le caractère de leur procès-verbal et par l'impossibilité où ils sont de composer un cahier des charges, ils ne sauraient procéder à une vente volontaire qu'au comptant.*

» L'intérêt d'une corporation contre laquelle il ne s'est élevé aucun murmure, mérite, sans doute, toute l'attention de la Cour ; mais ce qui se recommande plus essentiellement à sa religion, ce qui doit enchaîner sa pensée, c'est l'intérêt de la société, c'est le besoin public (1). »

La question ne s'était agitée jusque là qu'entre les Notaires et les Commissaires-Priseurs ; les Huissiers ne tardèrent pas à entrer en lice. Dans une contestation élevée entre les Notaires et deux Huissiers d'Abbeville, le Tribunal de cette ville, par un jugement du 17 juin 1823, restreignit les droits des Huissiers aux ventes au comptant.

Nous trouvons dans ce jugement que « si les Commissaires-Priseurs (et les Huissiers) vendent *à crédit*, c'est à leurs risques et périls et sans danger pour les parties qui s'adressent à eux. » Ce jugement fut annulé par un arrêt de la Cour royale d'Amiens du 21 novembre 1823, portant ce qui suit :

« Considérant que, par les lois de leur institution, les Greffiers de Justice de Paix, les Huissiers et les Commissaires-Priseurs ne peuvent procéder qu'aux prisées et ventes publiques de meubles et effets mobiliers *dont le prix est susceptible d'être payé comptant ;* — que ces dispositions ne comprennent évidemment que les choses qui sont meubles par leur nature ou par la détermination de la loi au moment de la vente, mais qu'elles ne doivent pas s'appliquer à celles qui ne sont mobilisées que par l'effet de cette vente, etc. (2) »

Le pourvoi contre cet arrêt fut rejeté par la Cour de Cassation, le 18 juillet 1826 (3).

Un jugement du Tribunal de Provins du 21 juillet 1825 avait fait défense aux Huissiers de procéder à *aucune vente, même au comptant,* de récoltes et fruits pendants par racines, attendu, d'une part, que l'exception spéciale de l'article 626 du Code de procédure ne peut être étendue aux ventes volontaires. Sur l'appel, arrêt de la Cour de Paris du 10 juin 1826, qui annule ce jugement, mais seulement en ce qu'il faisait défense aux Huissiers de procéder aux *ventes volontaires et au comptant* des fruits pendants par racines, et le confirme en ce qui concerne les ventes à *terme,* l'arrêt contient ce motif remarquable : « Que les Huissiers, ne pouvant recevoir *des obligations ni conventions quelconques des parties, leur droit de concurrence est nécessairement limité à la vente au*

(1) Art. 4140. J. N.
(2) Art. 4459. J. N.
(3) Art. 5678 et 5974. J. N.

comptant (1). » — Le pourvoi des Huissiers contre la dernière partie de l'arrêt fut rejeté par la Cour de Cassation le 5 décembre 1825 (2).

Dans un arrêt du 29 février 1832, rendu entre les Notaires et les Huissiers de Troyes, la Cour de Paris avait reproduit la distinction entre les ventes à terme et celles au comptant : « Attendu que les Huissiers ne pouvant *recevoir les obligations ni les conventions quelconques des parties*, leur droit de concurrence avec les Notaires *doit être limité aux ventes au comptant.* » Cet arrêt fut annulé par la Cour de Cassation, le 2 juin 1834 (3).

On retrouve la même distinction dans un arrêt de la Cour de Paris, du 16 août 1835, concernant les Notaires et les Huissiers de Provins : « Considérant, pour l'arrêt, qu'il ne s'agit dans la cause que de *ventes faites au comptant, et non de conventions entre les parties, qui rentreraient dans le ministère obligé des Notaires.* »

Enfin, la Cour de Caen, dans une instance engagée entre les Notaires et un Huissier de cette ville, avait déclaré que les ventes de bois sur pied pouvaient être faites par les Huissiers et Commissaires-Priseurs, concurremment avec les Notaires. Cet arrêt fut cassé, le 10 décembre 1828, sur le pourvoi des Notaires (4). L'affaire, renvoyée devant la Cour de Paris, n'a été jugée que le 1er juin 1840 ; les Huissiers ont été condamnés. Cet arrêt, postérieur au rapport de la Commission de la Chambre des Députés sur le projet de loi relatif aux ventes de biens meubles, établit en ces termes les principes de la matière :

« Considérant que les *Notaires seuls sont institués pour recevoir et constater les conventions des parties, et pour donner un caractère d'authenticité aux actes qui les renferment;* que si les Huissiers et certains Officiers publics participent avec eux au droit de faire les prisées et ventes publiques de meubles et effets mobiliers, ce droit, émanant de lois spéciales, doit être restreint aux seuls objets qui y sont énoncés ; — que par ces mots : *Meubles et effets mobiliers*, les décrets des 26 juillet 1790 et 17 septembre 1793, entendent les choses susceptibles *d'une tradition manuelle et immédiate et du prix desquelles ces Officiers sont responsables;* que de plus lesdits objets doivent être meubles par leur nature ou par la détermination de la loi avant la vente et au moment même de la vente. »

Il avait été procédé par un Notaire de Pont-à-Mousson, suivant un acte signé de tous

(1) Art. 5974. J. N.
(2) Art. 6535. J. N.
(3) Art. 8601. J. N.
(4) Art. 6782. J. N.

les acquéreurs à la vente aux enchères de bois et planches dépendant d'une faillite, avec stipulation de termes pour le paiement du prix et faculté d'exiger caution des adjudicataires. L'action en dommages-intérêts, dirigée contre ce Notaire par un Commissaire-Priseur, fut repoussée par un jugement du Tribunal de la même ville, du 17 juillet 1833, portant pour motifs, qu'en supposant même qu'un Commissaire-Priseur puisse vendre à terme des objets mobiliers, il n'en résulterait pas qu'il eût le droit de s'opposer à ce qu'un Notaire procédât à des ventes de meubles avec stipulation de termes, quand ce Notaire y aurait été invité par des parties *qui voudraient revêtir leurs conventions de la force exécutoire;* qu'en effet, les Commissaires-Priseurs n'ont ni la capacité ni le caractère *pour recevoir des conventions* et insérer dans les procès-verbaux *aucune clause obligatoire entre les vendeurs et les adjudicataires;* que, dans le cas où ils stipuleraient des clauses accessoires à une vente aux enchères, ces stipulations *n'auraient aucune force exécutoire;* que si, à l'époque désignée pour le paiement du prix, l'acquéreur refusait de se libérer, le vendeur serait forcé de recourir aux Tribunaux pour obtenir une condamnation; qu'il serait injuste d'empêcher les propriétaires qui voudraient éviter ces inconvénients, de s'adresser aux Notaires qui, seuls, d'après l'article 1er *de la loi du 25 ventôse an XI,* ont qualité pour donner aux conventions l'avantage de l'authenticité *et de l'exécution parée.* — Appel, et le 20 décembre 1833, arrêt infirmatif de la Cour de Nancy.

Le pourvoi du Notaire contre cet arrêt a été rejeté le *8 mars 1837* par la Cour de Cassation. Nous croyons utile de rapporter textuellement les motifs de cet arrêt :

« Attendu qu'il ne s'agit point dans l'espèce de ventes d'effets mobiliers sur saisie-exécution, ni par conséquent de l'application des articles 624 et 625. C. proc. civ. (1);

» Attendu qu'en matière de ventes volontaires de meubles, d'après les lois des 27 ventôse an IX et 28 avril 1816, les Commissaires-Priseurs ont seuls le droit de vendre les meubles aux enchères publiques; que ce droit leur est attribué dans le chef-lieu de leur établissement à l'exclusion de tous Officiers ministériels ou autres;

» Qu'ainsi les Notaires ne peuvent, dans lesdits lieux, procéder concurremment avec les Commissaires-Priseurs à ces sortes de ventes, ni s'en attribuer le droit contre la disposition prohibitive de la loi, au moyen de la stipulation d'un crédit quelconque accordé aux adjudicataires;

---

(1) La Cour de Cassation , par arrêt du 6 novembre 1860, est revenue sur sa jurisprudence; on lit dans cet arrêt : « Attendu qu'il résulte de l'article 625 C. pr. , et des règles générales de leurs institutions, que les Commissaires-Priseurs et Huissiers sont personnellement responsables du prix des adjudications faites par leur ministère; que l'art. 625 s'applique plus particulièrement, il est vrai, aux ventes mobilières opérées à la suite de saisies-exécutions, mais qu'il *doit s'étendre aussi aux ventes volontaires.* (D. P. 61, 1, 88.)

» Attendu que les lois de l'an IX et de 1816 ne prohibent point aux Commissaires-Priseurs d'accorder aux adjudicataires *crédit et délai* pour le paiement ; qu'une telle prohibition, qui n'aurait pu être établie que dans l'intérêt du vendeur, n'aurait eu d'autre effet que de rendre les Commissaires-Priseurs responsables envers le vendeur, et que tout ce qui aurait été fait, au contraire, n'aurait pu profiter aux Notaires ou autres Officiers publics qui, *dans aucun cas*, ne peuvent, dans le lieu de l'établissement des Commissaires-Priseurs, faire des ventes publiques de meubles aux enchères, soit au comptant, soit à crédit ;

» Qu'en cet état il est évident que ces sortes de ventes qui seules, en grand nombre de cas et de lieux, peuvent porter à leur juste valeur les objets qui sont à vendre, peuvent avoir lieu par le ministère des Commissaires-Priseurs, *par la volonté du vendeur ou sous la responsabilité de l'Officier public*, qui peuvent bien, à leurs risques et périls, suivre la foi des adjudicataires en se conformant à un usage presque universel et qui paraît n'avoir engendré aucun notable inconvénient ;

» Que cette manière de procéder ne porte aucune atteinte au droit qu'ont seuls les Notaires de donner force exécutoire aux conventions des parties ;

» Que, dans tous les cas, les Notaires investis de fonctions plus importantes, n'ont ni droit ni intérêt à s'immiscer dans celles des Commissaires-Priseurs *aux lieux de l'établissement de ces derniers* (1). »

Nous ne prétendons pas dissimuler la gravité de cette décision ; mais il ne faut point en exagérer les conséquences. La Cour admet, il est vrai, que les Commissaires-Priseurs peuvent accorder aux adjudicataires *crédit et délai pour le paiement*, mais que cette manière de procéder ne porte point *atteinte au droit qu'ont les Notaires de donner force exécutoire aux conventions* des parties, ce qui rentre dans la restriction exprimée dans l'arrêt de la Cour de Nancy ; que, si les parties veulent se procurer un acte *portant exécution parée pour le paiement du prix*, elles doivent faire concourir un Notaire à la vente. Ainsi, dans le système de la Cour de Cassation, l'énonciation, dans le procès-verbal de vente, qu'un crédit est accordé aux acheteurs, serait simplement *la constatation d'un fait* par l'Officier ministériel, et non une stipulation ayant force exécutoire au profit du vendeur. Nous reviendrons plus tard sur cet arrêt en discutant le rapport de la Commission de la Chambre des Députés.

La même question s'est produite devant la Cour de Colmar dans une affaire où il s'agissait de la vente *à terme*, faite par un Huissier, d'arbres et fagots gisants dans une forêt. Cet arrêt, en date du 27 mai 1837, qui condamnait les Huissiers, est assez remarquable pour être reproduit *in extenso*.

(1) Art. 9569. J. N.

« La Cour : considérant qu'il est hors de doute que sous l'ancien régime, des lois et règlements enjoignaient aux Jurés et Huissiers-Priseurs de faire au comptant les ventes de meubles ; que la loi du 20 Juillet 1790 a supprimé les offices des Jurés-Priseurs et a autorisé les Notaires, Greffiers et Huissiers à faire les ventes de meubles ; que cette loi, en n'abrogeant pas les anciens règlements ou en ne les remplaçant pas par d'autres, les a nécessairement maintenus ; qu'autrement des Officiers publics auraient été investis de certaines fonctions sans qu'il eût existé de règles sur l'étendue de leurs attributions et sur la forme de leurs actes ; que c'est dans le sens du maintien de ces lois et règlements, puisqu'il n'y en a pas d'autres sur la matière, qu'il faut entendre la disposition du décret du 14 Juin 1813, d'après laquelle les Huissiers doivent continuer à procéder, concurremment avec les Notaires, aux ventes de meubles en se conformant aux lois et règlements qui y sont relatifs ; qu'il est inexact de dire que les Notaires ont été mis sur la même ligne que les Huissiers ; qu'ainsi l'injonction de faire des ventes de meubles au comptant serait commune aux uns et aux autres ; que ces Officiers publics ont été appelés à faire des ventes de meubles *dans les limites de leurs attributions respectives*. que les Notaires trouvent dans les lois qui les concernent le droit de rédiger des conventions de toutes espèces, par conséquent *des ventes à termes* comme des ventes au comptant, et que *les Huissiers ne puisent dans aucune loi un pouvoir aussi étendu* ; — que la nécessité imposée aux Huissiers de faire les ventes au comptant a donc subsisté sous la loi du 26 juillet 1790, qu'elle a subsisté aussi sous les lois subséquentes qui ont créé les Commissaires-Priseurs dans certains lieux, ou qui, dans ceux où il n'en a pas été placé, ont conservé aux Notaires et aux Huissiers la faculté de procéder aux ventes de meubles ; qu'elle a formé une règle invariable dans cette matière ; que l'article 624 C. pr. civ. en présente l'application et l'exemple ; que c'est abusivement que l'on envisage la disposition de cet article comme une exception à la règle contraire, puisque dans cette disposition l'article renfermait une exception à une règle qui n'est écrite nulle part, et qui est contredite formellement par des actes émanés de la puissance publique ; — que les Huissiers n'ont pour mission que de *constater des faits ou des déclarations ;* qu'ainsi leurs procès-verbaux de ventes de meubles sont réduits à *de simples constatations de faits :* que si *des termes sont apportés aux ventes, il y a des engagements contractés par les adjudicataires ;* que les Huissiers ne peuvent les certifier parce qu'en leur qualité d'Huissier il ne leur appartient pas de *recevoir des contrats, de passer des obligations ;* que si le système contraire était adopté, les Huissiers auraient des attributions plus étendues que les Notaires, puisque seuls, sans Huissier en second et sans témoins, ils auraient le droit de constater des obligations et les stipulations qui les accompagnent d'ordinaire, *de certifier les signatures des adjudicataires et de suppléer au défaut de signatures* de ceux qui ne sauraient ou pourraient signer, ce qui serait en opposition manifeste avec toutes les règles reçues ; — considérant que les magistrats doivent se renfermer dans l'appréciation et le jugement des causes qui leur sont soumises et qu'ils ne peuvent y statuer par des dispositions générales et réglementaires ; que les juges qui ont rendu le jugement dont est appel ont enfreint les règles en déclarant qu'il ne compète- *pas aux Huissiers le droit de procéder aux ventes de meubles à terme et en leur faisant défense d'y procéder à l'avenir; que sous ce rapport il y a lieu d'annuler ledit jugement et de prononcer par décision nouvelle; — considérant que l'intervention de la Chambre des Huissiers de l'arrondissement de Belfort est régulière en la forme et fondée sur un intérêt réel, qu'ainsi il échet de l'accueillir; — considérant qu'il n'est nullement justifié que la vente à terme, à laquelle il a été *abusivement* procédé le 19 mai par l'huissier Géhin, ait causé du dommage aux Notaires de l'arrondissement de Belfort; qu'au surplus la condamnation aux dépens serait une réparation suffisante ; — par ces motifs : la Cour donne acte à la Chambre des Huissiers de l'arrondissement de Belfort, de ce qu'elle déclare prendre le fait et cause de l'huissier Géhin ; ce faisant, dit et déclare qu'il n'a pas compété audit Géhin le droit de faire une vente à terme d'arbres et de fagots, etc., condamne ladite Chambre des Huissiers de l'arrondissement de Belfort, comme ayant pris fait et cause pour l'huissier Géhin, aux dépens tant de première instance que d'appel, et la condamne, en outre, à l'amende sur l'appel par elle interjeté, etc., etc. (1). »

Ces mêmes principes ont été développés avec force et clarté dans un jugement du Tribunal de Schélestadt, du 21 mars 1838, rendu à l'occasion d'une vente faite aux enchères par un Notaire avec stipulation *de terme de paiement*, de *cautionnement solidaire* et de *non délivrance instantanée* de différents lots de bois et fagots et sur la poursuite en dommages-intérêts intentée par un Commissaire-Priseur :

« Considérant au fond, porte ce jugement, que si les lois qui ont créé les fonctions de Commissaires-Priseurs et qui fixent leurs attributions, ne leur ont pas fait la défense formelle de procéder à des ventes de meubles *avec des stipulations de termes*, soit pour la délivrance des objets vendus, soit pour leur paiement, on ne saurait cependant admettre qu'ils puissent recevoir, par voie d'enchères, des conventions *qui ne s'exécutent pas immédiatement* et à raison desquelles le lien des parties ne réside que dans le contrat, ni qu'ils puissent insérer dans leurs procès-verbaux *toutes les stipulations que les parties auraient intérêt d'exiger*, telles, par exemple, que celles *de dation de caution et de sûreté hypothécaire* ou de *délégation* sur le prix provenant de la vente, ou enfin *toutes sortes de clauses pénales;* qu'il paraît évident, par l'examen des lois anciennes qui semblent avoir servi de base à la législation moderne, que leur ministère ne saurait

(1) V. J. N., art. 9699.

convenir que *dans le cas où, par la tradition instantanée de la chose vendue et par le paiement du prix entre leurs mains, tout doit se trouver consommé entre le vendeur et l'acquéreur sans qu'il soit besoin, de la part de ce dernier, d'une convention écrite liant l'avenir des parties*, et à l'exécution forcée de laquelle elles peuvent avoir besoin de recourir;

» Considérant qu'on ne saurait méconnaître davantage que l'institution des Commissaires-Priseurs n'a pas eu lieu dans leur intérêt particulier, mais seulement dans l'intérêt public des citoyens, pour qu'ils aient à leur disposition un mode plus expéditif de vendre, sans crainte de fraudes et sans formalités nombreuses et des frais trop élevés, des objets dont la transmission doit être prompte et facile; qu'ainsi il doit être libre à tout vendeur de préférer au ministère d'un Commissaire-Priseur celui d'un Notaire, surtout *lorsqu'il a intérêt à se procurer par un acte authentique emportant exécution parée des sûretés pour l'accomplissement des conventions intervenues;* qu'exiger qu'indépendamment de l'enchère qu'un Commissaire-Priseur aurait faite, le propriétaire des meubles vendus et *qui voudrait obtenir des garanties* eût à s'adresser à un Notaire *pour constater les conventions accessoires à la vente*, serait le condamner à subir des lenteurs, des frais ruineux, et *porter par conséquent un préjudice notable à ses intérêts et à ceux de l'acquéreur* (1). »

De l'exposé qui précède, il résulte qu'à l'égard des ventes de meubles et effets mobiliers faites *à terme*, un seul arrêt de la Cour de Cassation du 8 mars 1837 (2) a décidé que les Commissaires-Priseurs pouvaient les faire *avec crédit et délai pour le paiement, par la volonté du vendeur ou sous leur responsabilité personnelle*, en déclarant que ce mode de procéder ne portait point atteinte au droit qu'ont seuls les Notaires de donner force exécutoire aux conventions des parties, mais que cette décision n'est point encore admise par les Cours et Tribunaux (3).

Tel était le véritable état des choses au moment où la Chambre des Députés était saisie du projet de loi qui devait régler les attributions des diverses classes d'Officiers publics chargés de procéder aux ventes publiques aux enchères de biens meubles.

(1) Art. 10,082. J. N.
(2) Art. 9569. J. N.
(3) C. Colmar, 27 mai 1837; trib. Schélestadt, 21 mars 38, art. 9699 et 10,082. J. N.

DEUXIÈME PARTIE.

Historique du projet de Loi. — Projets antérieurs.

On a vu que la Cour de Cassation (chambres réunies), en annulant, le 8 juin 1831; un arrêt de la Cour de Paris du 16 mai 1829, qui admettait la concurrence des Commissaires-Priseurs et Huissiers avec les Notaires, pour les ventes *au comptant,* avait ordonné qu'il en serait référé au Garde-des-Sceaux pour être procédé à l'interprétation de la loi (1), conformément à l'article 3 de la loi du 30 juillet 1828, alors en vigueur, un projet de loi interprétatif fut en conséquence présenté à la Chambre des Pairs, par le Garde-des-Sceaux, le 10 décembre 1832 (2).

Un amendement au projet fut proposé par la Commission et adopté par la Chambre des Pairs en ces termes : « Néanmoins, les Greffiers, Huissiers et Commissaires-Priseurs *ne pourront opérer ces ventes qu'au comptant,* les ventes *à terme demeurant réservées aux notaires* (3).

En présentant cet amendement, M. Lepoitevin, rapporteur de la Commission, disait :

« Les Commissaires-Priseurs ont bien le droit exclusif de vendre, dans la commune de leur résidence, les meubles et effets mobiliers, *mais ils ne peuvent les vendre qu'au comptant,* et ils sont responsables des sommes qu'ils reçoivent. Ainsi le veulent les lois qui ont consacré leur institution. *L'obligation de vendre au comptant* et la responsabilité des prix des adjudications sont formellement imposées aux Commissaires-Priseurs par les articles 624 et 625 C. proc. civ. Il ne s'agit que d'interprétation. — *La loi existe et doit être exécutée.* — La concurrence établie par le projet entre les différents Officiers publics qu'il signale, doit être entendue dans le sens de la loi. La nature des attributions respectives l'exige. Les Commissaires-Priseurs, Huissiers et Greffiers *ne pouvant recevoir les obligations et conventions quelconques des parties,* leur droit de concurrence avec les Notaires *se trouve nécessairement limité aux ventes au comptant* (4). »

(1) Art. 7447. J. N.
(2) Art. 7908. J. N.
(3) Art. 7960. J. N.
(4) Art. 7590. J. N.

M. le Garde-des-Sceaux, en adhérant à l'amendement de la Commission, s'exprimait en ces termes :

« C'est un principe reconnu que les Commissaires-Priseurs *ne peuvent faire que les ventes au comptant*. Les Notaires seuls ont le droit de *rédiger les conventions; et toute vente à terme étant une véritable convention*, elle ne peut être faite que par ces Officiers publics. — Les Commissaires-Priseurs n'ont d'autre mission que de livrer les meubles et d'en *recevoir le prix à l'instant même*. Leur procès-verbal ne saurait *contenir des stipulations pour l'avenir*. Ils seraient en contravention avec la loi de leur organisation *s'ils procédaient à des ventes à terme*, qui, ainsi que je viens de le dire, *doivent être considérées comme de véritables conventions* (1).

Ainsi, la Chambre des Pairs et le Gouvernement étaient d'accord sur ce point qu'en réservant aux Notaires les ventes *à terme*, on n'innovait pas, qu'on ne faisait, au contraire, qu'appliquer les dispositions des lois existantes dérivant de la nature des attributions respectives des diverses classes d'Officiers publics. C'est ce qu'exprimait d'ailleurs le projet de loi par ces mots : « Les ventes à terme DEMEURANT réservées aux Notaires. »

Le projet de loi amendé par la Chambre des Pairs fut présenté le 28 mars 1833 à la Chambre des Députés, par le Garde-des-Sceaux, qui, au nom du Gouvernement, déclara y donner son assentiment. Dans l'exposé des motifs, on lit : « Le privilége des Commissaires-Priseurs, comme le droit des Huissiers et Greffiers dans les lieux où la concurrence existe, *se borne à faire les ventes au comptant* et à charge de répondre du prix des adjudications; ces Officiers publics *ne peuvent concourir aux ventes à terme avec les Notaires, qui seuls sont institués pour rédiger les conventions* (2). M. Renouard, organe de la Commission, proposa le 3 avril 1833, dans un rapport fort remarquable, l'adoption du projet de loi. Voici comment M. le Rapporteur répondait à ces réclamations, au nom de la majorité de la Commission :

« Et d'abord, en ce qui concerne l'usage invoqué, il convient d'examiner s'il se fonde sur une usurpation ou sur la législation existante, car, de cela seul qu'en certains lieux les Huissiers, Greffiers et Commissaires-Priseurs auraient empiété sur les attributions légales des Notaires, il ne serait pas raisonnable d'en conclure que l'abus a créé un droit et qu'il devra prendre place dans la loi.

» Or, la législation n'est pas douteuse à cet égard. *Aux Notaires seuls appartient le*

(1) Art. 7960. J. N.
(2) Art. 8023. J. N.

droit de dresser, comme Officiers publics, des actes destinés à constater des stipulations pour l'avenir. Les Commissaires-Priseurs, les Huissiers ne reçoivent caractère de la loi *que pour dresser procès-verbal des faits qui se passent devant eux.* Ils peuvent constater quelle a été l'évaluation et la mise à prix d'un objet à vendre, quel prix leur a été offert et payé, *mais là s'arrête leur mission. — Une vente à terme étant un contrat dans lequel on stipule pour l'avenir,* lorsque dans certains lieux, les Huissiers, Commissaires-Priseurs et Greffiers *se sont emparés de la rédaction des actes,* ils n'ont étendu ainsi leurs attributions *qu'en violation de la loi.* On ne saurait placer dans une telle violation le principe d'un droit. Le second paragraphe du projet de loi *ne modifie en rien la législation existante.* Il la rend plus explicite et plus claire, et quand *bien même on supprimerait cette disposition, le droit des Notaires demeurerait entier.*

Répondant ensuite à l'objection qu'on pourrait donner la force exécutoire aux procès-verbaux des Huissiers et Commissaires-Priseurs, et les convertir en de véritables contrats authentiques, M. le Rapporteur exprimait que ce serait apporter dans la législation existante une très-grave perturbation, sans qu'il fût possible de dire où la logique permettrait d'en arrêter les conséquences. Il ajoutait :

« En effet, pour donner force aux actes ainsi reçus par les Huissiers, Commissaires-Priseurs ou Greffiers, *il faudrait apparemment permettre aussi d'y introduire des stipulations accessoires sans lesquelles une obligation prise pour l'avenir ne sera presque jamais contractée ;* il faudrait, par exemple, que les *réceptions de cautions pussent être consignées dans ces actes ;* il faudrait *qu'ils pussent conférer des hypothèques.* C'est-à-dire que, pour une multitude d'actes, il serait ajouté aux Notaires existants autant de Notaires qu'il existe maintenant d'Huissiers, de Commissaires-Priseurs et de Greffiers, c'est-à-dire en d'autres termes, que le principe de la législation sur le Notariat et sur les conditions nécessaires pour conférer aux actes le caractère authentique et la force exécutoire, serait ébranlé (1). »

La clôture de la session de 1832-1833 arriva sans que le projet de loi eût été discuté par la Chambre des Députés. Le 1er décembre 1834, M. le Garde-des-Sceaux en présenta un nouveau à cette Chambre. La seconde disposition portait : « Néanmoins, les Greffiers, Huissiers et Commissaires-Priseurs ne pourront opérer les ventes qu'au comptant, les ventes à terme demeurant réservées aux Notaires, *même dans les communes de la résidence des Commissaires-Priseurs.* » Sauf ces derniers mots soulignés, le nouveau projet était en tout conforme à celui qui avait été précédemment adopté par la Chambre

3

des Pairs et par la Commission de la Chambre des Députés. En le présentant, M. le Garde-des-Sceaux disait : « Il (le projet de loi) n'admet de réserve que pour les ventes *à terme*, qu'il laisse dans les attributions des Notaires, parce que, *seuls*, parmi tous les Officiers ministériels, *ils ont caractère pour recevoir des conventions et y attacher la force exécutoire* » (1).

Le rapport fut fait par M. Boudet, le 24 décembre 1834 ; il proposa l'adoption du projet. En ce qui concerne la distinction des ventes *à terme* et des ventes *au comptant*, il disait :

« Les Commissaires-Priseurs, Huissiers et Greffiers exposent en vente les objets mobiliers, les livrent à l'acheteur et en reçoivent le prix. Leurs procès-verbaux non signés par les parties, constatent ces opérations et les déclarations qui s'y rattachent. Ils rendent ensuite compte du prix au vendeur. »

Le ministère forcé de l'Officier public chargé des ventes mobilières, n'est imposé aux parties que *sous la condition nécessaire que la vente sera faite au comptant;* c'est cette condition seule qui fait la sûreté du vendeur. De quel droit, en effet, forcer un vendeur à accepter pour débiteur la personne qu'il plairait à un Commissaire-Priseur de choisir? Quelle serait la garantie du vendeur ainsi placé dans la nécessité d'attendre son paiement d'un acheteur inconnu, *lorsque ni lui ni l'acheteur ne signent même le procès-verbal.* Il est par trop évident que la condition essentielle de l'institution des Commissaires-Priseurs est de *vendre au comptant. Les lois nouvelles ne l'ont pas dit textuellement; parce qu'elles n'avaient pas besoin de le dire.* En attribuant aux Commissaires-Priseurs les ventes publiques aux enchères des effets mobiliers, le décret du 27 ventôse an IX n'a entendu parler que des ventes telles qu'elles se sont toujours faites, c'est-à-dire *avec la livraison immédiate de la chose vendue contre le paiement comptant du prix.*

M. le Rapporteur prouvait ensuite que sous l'ancienne législation les Huissiers-Priseurs ne pouvaient vendre qu'au comptant. Il citait l'édit *de 1556*, portant que lesdits Priseurs-Vendeurs seront tenus de recevoir les deniers des ventes *pour incontinent*, ou *trois jours après au plus tard,* les délivrer aux poursuivants lesdites ventes ou autres qu'il appartiendra, *à quoi faire ils seront tenus et contraignables par corps, lesdits trois jours passés;* l'acte de notoriété du Châtelet de Paris, du 25 mai 1703, qui exprime textuellement que les Huissiers-Priseurs *doivent se faire payer le prix comptant sur-le-champ.*

On avait allégué, comme on le fait encore aujourd'hui, que le texte de cet acte de

(1) Art. 8720. J. N.

notoriété avait été vérifié, et que la clause relative au paiement comptant ne s'y trouvait pas. M. le Rapporteur repousse cette allégation en ces termes :

« Les exemplaires dans lesquels la phrase citée ne se trouve point, *n'ont pu résister à l'examen approfondi de la Commission.* Ces anciens imprimés, recueillis avec d'autres actes de la législation du temps, sont remplis de fautes; et, outre la lacune favorable aux prétentions des Commissaires-Priseurs, quatre lignes importantes des dispositions finales y sont également omises; *ils ne méritent aucune confiance.* Tous les autres recueils qu'on a coutume de consulter en pareille matière *rétablissent le texte de cet acte de notoriété tel qu'il a toujours été admis dans la pratique.* La doctrine professée par la jurisprudence vient encore le confirmer; car le Parlement de Paris rendait les Huissiers-Priseurs responsables des ventes à crédit qu'ils avaient faites, et les condamnait personnellement à en payer le prix au vendeur. »

On avait invoqué l'usage qui se serait établi dans quelques parties de la France, en faveur des Commissaires-Priseurs et Huissiers, de faire les ventes mobilières *à terme,* concurremment avec les Notaires ; sur ce point, M. le Rapporteur disait :

« Que devient l'usage invoqué en présence de la législation qui le repousse ? Ce n'est plus qu'un *abus qu'il est urgent de faire disparaître.* Il n'est pas, du reste, aussi universel qu'on a cherché à le faire supposer. Dans la pratique, *à quelques exceptions près,* lorsque le Commissaire-Priseur ou l'Huissier vend à crédit, *le procès-verbal n'en fait pas mention.* C'est l'Officier public qui reste créancier *jusqu'à l'échéance du terme qui lui est seul accordé;* le vendeur ne court aucun risque, parcequ'il n'a pas contracté avec l'acheteur dont il ne peut connaître la solvabilité; le Commissaire-Priseur seul est responsable envers son client; *les embarras et les retards du recouvrement ne regardent que lui.* Les ventes de ce genre, sous la responsabilité personnelle des Officiers publics chargés d'y procéder, et *sans qu'il intervienne aucune convention entre la partie qui vend et l'adjudicataire, peuvent encore avoir lieu avec la loi proposée.* Elles suffiront à l'avenir, comme par le passé, aux besoins et aux habitudes des localités. Mais, aux yeux de la loi, *ces ventes ne sont pas à terme,* puisque, d'une part, *le terme n'est pas stipulé dans le procès-verbal,* et d'autre part, que le Commissaire-Priseur est toujours responsable de la totalité du prix. »

Après avoir ensuite démontré qu'il n'était point à craindre de voir les Notaires s'emparer de toutes les ventes mobilières en leur donnant fictivement les apparences des ventes à terme, M. le Rapporteur continuait ainsi :

« Sans doute, les Huissiers et Commissaires-Priseurs trouveraient un avantage à procéder concurremment avec les Notaires aux ventes *à terme*. Mais ils ne peuvent reprocher à la loi nouvelle de porter atteinte, en le leur *refusant*, à un droit qu'ils avaient précédemment ; car elle n'a d'autre effet que de faire cesser, par une prohibition explicite, un abus dont ils ont quelquefois profité. Elle n'introduit point un droit nouveau en faveur des Notaires ; elle *défend leur institution contre une usurpation qui, en compromettant les intérêts individuels, pourrait devenir une source de désordres et jeter le trouble dans les transactions privées*. Toutes les hautes considérations, toutes les raisons d'ordre public et d'intérêt social *sur lesquelles s'appuie la grande institution du notariat seraient ébranlées et remises en question*, s'il était possible de supposer qu'en imposant aux parties le ministère des Commissaires-Priseurs, les lois précédentes aient entendu *porter la moindre atteinte* au droit exclusif, qui de tout temps a appartenu aux Notaires, de recevoir les conventions et de leur conférer la forme authentique (1). »

Le projet de loi fut mis en discussion le 26 décembre 1834. Par suite d'amendements proposés par MM. Mauguin et Goupil de Préfeln, la Chambre des Députés adopta le 29 décembre un nouveau projet rédigé en ces termes : « Les ventes publiques, *soit au comptant, soit à terme*, de récoltes pendantes par les racines et des autres objets adhérents au sol et destinés à en être détachés, seront faites, en concurrence et au choix des parties, par les Notaires, les Greffiers, les Huissiers et les Commissaires-Priseurs, *même dans la commune de la résidence de ces derniers*. » Ce projet différait de celui du Gouvernement sur deux points : 1° Il accordait aux Huissiers, Greffiers et Commissaires-Priseurs la concurrence avec les Notaires pour les ventes à *terme;* 2° il étendait la concurrence, même pour les ventes au *comptant,* à la commune de la résidence des Commissaires-Priseurs. Ces modifications ont été soutenues par MM. Gillon, Delespaul, Jollivet et Aroux.

M. Gaillard de Kerbertin, M. le Garde-des-Sceaux et M. le Rapporteur de la Commission ont combattu ces arguments. M. le Garde-des-Sceaux établit d'abord que, d'après les lois de leur organisation, les Huissiers et Commissaires-Priseurs ne peuvent vendre qu'au comptant. Il prouve ensuite que la mesure qui attribuerait à ces Officiers ministériels les ventes à terme, loin de profiter, nuirait aux propriétaires. Du moment, en effet, que le Commissaire-Priseur ne vendrait plus au comptant, il ne pourrait plus être responsable du prix ; on enlèverait donc au propriétaire ses garanties. De plus on ouvrirait la porte à une foule de procès.

« Faites-y attention, dit M. le Garde-des-Sceaux, quand c'est le Notaire qui fait la

(1) Art. 8740. J. N.

vente *à terme*, il y a un acte exécutoire, *il ne peut pas y avoir procès;* si l'acquéreur ne paie pas, avec l'acte on le fait exécuter, on vend ce qu'il a et on se paie. Au contraire, avec le Commissaire-Priseur, vous n'avez *pas même un titre ayant force d'obligation privée*, puisque le procès-verbal n'est pas revêtu de la signature des parties. A l'expiration du terme, si l'acquéreur ne paie pas, *vous serez obligés de l'assigner* devant le Juge-de-Paix, s'il s'agit d'une somme moindre de 100 fr. ; et devant les Tribunaux, si la somme est plus forte ; et vous *aurez un procès qui durera six mois ou un an.* Je vous le demande, est-ce là une bonne législation ? Je ne le crois pas.

» On faisait une objection, qui a souvent été répétée. On disait que l'acte que ferait un Notaire ne serait pas plus exécutoire que celui du Commissaire-Priseur ; il faudrait que cet acte fût signé par toutes les parties ; et les Notaires ne font pas signer, parce qu'il faudrait trop de signatures (1). Je réponds à cela que *les Notaires qui ne font pas signer manquent à leur devoir.* Je dis qu'ils manquent à leurs devoirs parce qu'un Notaire ne peut pas recevoir un acte sans le faire signer, à moins que les parties ne déclarent ne pas savoir signer (2). »

La résolution adoptée par la Chambre des Députés fut portée à la Chambre des Pairs le 8 janvier 1835 ; M. le Garde-des-Sceaux, en la présentant, reproduisit les observations par lesquelles il l'avait combattue à la Chambre des Députés.

Le rapport de la Commission fut fait à la Chambre des Pairs, le 12 mars 1835, par M. Tripier. Il repoussait le projet de la Chambre des Députés, rétablissait la disposition de l'ancien projet d'après laquelle les ventes à terme seraient faites par les *Notaires seuls,* même dans la commune de la résidence des Commissaires-Priseurs. Une nouvelle disposition donnait à ces derniers le droit d'accorder des crédits sous leur responsabilité personnelle.

Nous voudrions pouvoir transcrire en entier le travail de l'honorable Rapporteur. Il

---

(1) C'est une erreur, nous en trouvons la justification dans le procès-verbal de la Commission centrale des Notaires des départements du Nord et du Pas-de-Calais, séance du 20 février 1841. M. Charles Waternau, de Saint-Omer (secrétaire), fait connaître que, entre autres personnes par lui visitées le matin, il avait rencontré un Député, ancien notaire, qui lui avait dit avoir communiqué la veille à la Commission diverses minutes de procès-verbaux de ventes mobilières signées par les vendeurs et autres adjudicataires, ce qui constitue un véritable contrat, et que cette production de procès-verbaux ainsi revêtus de toutes les formalités prescrites par la loi de ventôse, et dont l'existence avait été précédemment révoquée en doute par M. le Rapporteur, avait paru faire une vive impression tant sur lui que sur les autres membres de la Commission. De plus, le Tribunal de Saint-Omer a jugé, le 4 septembre 1853, qu'en matière de vente de meubles par le ministère d'un notaire, la signature du procès-verbal par cet Officier ministériel suffit, qu'il s'agisse d'une vente à terme ou au comptant, pour lier l'adjudicataire et prendre livraison. — (D. P. 54, 3, ii, 38.)

(2) Art. 8740. J. N.

est remarquable par la force de logique et de discussion qui caractérisait éminemment le talent de M. Tripier; nous nous bornons à l'analyser.

M. le Rapporteur rappelle d'abord qu'avant l'édit de 1556, qui a institué les *Huissiers-Priseurs*, les ventes publiques d'objets mobiliers étaient faites, dans la majeure partie de la France, *par les Notaires seuls;* suivant cet édit, et l'acte de notoriété du Châtelet de Paris, du 25 mai 1703, les Huissiers-Priseurs ne pouvaient faire les ventes, *même volontaires, qu'au comptant.* Les lois nouvelles n'ont pas dérogé aux anciennes; elles n'ont pas eu besoin de renouveler, par une disposition expresse, l'obligation exprimée dans la loi de création. L'opinion des Cours royales paraît unanime sur ce point, puisque plusieurs des arrêts qui ont admis les Huissiers, les Commissaires-Priseurs à opérer les ventes de récoltes, *leur ont imposé d'office l'obligation de vendre au comptant.* M. Tripier examine ensuite la question sous le point de vue de l'intérêt général, de la sûreté des parties contractantes.

« Dans les ventes au *comptant,* dit-il, les intérêts des vendeurs sont protégés contre les erreurs ou les abus de l'Officier par la garantie qui pèse sur lui. Il reçoit ou doit recevoir le prix à l'instant de la délivrance; il en est donc personnellement responsable. Dans les ventes *à terme*, le vendeur perd nécessairement son recours contre l'Officier qui est autorisé à délivrer la chose sans en recevoir le prix, *il n'a plus qu'une action contre des acheteurs qu'il ne connaît pas et souvent insolvables.* N'y aurait-il pas imprudence à confier à tous les Officiers le pouvoir de donner aux vendeurs les débiteurs qu'il leur plairait de choisir? Ne serait-ce pas livrer à leur discrétion les intérêts des parties? Ils pourraient seuls et par leurs procès-verbaux, qui feraient foi jusqu'à inscription de faux, former des contrats contre des individus qui n'auraient pas signé, et créer des acheteurs vrais ou supposés. *Un pouvoir aussi redoutable doit-il être étendu à un aussi grand nombre d'Officiers?* Enfin, pour les adjudications à terme, il importe au vendeur d'obtenir *un titre exécutoire qui le dispense de recourir aux Tribunaux :* le ministère du Notaire lui offre cet avantage; il ne peut le trouver dans celui des autres Officiers. »

M. le Rapporteur aborde les objections, savoir : 1° la concurrence remédiera à tous les dangers; 2° l'usage des ventes *à terme* est établi en faveur des Huissiers et Commissaires-Priseurs. Nous citons textuellement la réponse de M. Tripier à ces objections :

« La concurrence, dit-on, est un remède à ces dangers; le public pourra choisir suivant ses goûts et ses besoins.

» La concurrence entre professions différentes *n'a jamais été considérée par le législateur comme un bienfait.* Dans tous les temps, il a pris soin de tracer les limites de chacune d'elles, et il a interdit de les franchir. *La division des fonctions est d'une sage adminis-*

tration, utile au public autant qu'aux fonctionnaires eux-mêmes, et propre à entretenir l'harmonie et à maintenir l'ordre dans la société.

» Si la concurrence peut être admise quelquefois, *ce ne peut être qu'entre des hommes placés sur la même ligne sous le rapport des études, de la capacité et des garanties qu'ils présentent à la société, et seulement pour des fonctions auxquelles ils sont également propres.*

» Il ne peut en être de même entre des Officiers de capacités essentiellement inégales, dont les études, les épreuves et les examens n'ont eu aucune similitude, et pour des fonctions importantes qui exigent une instruction spéciale. La concurrence en pareil cas *serait désordre et confusion.*

» Le législateur ne doit confier *la rédaction des conventions* qu'aux Officiers dont la capacité lui est garantie. S'il présentait au public des hommes incapables, il tromperait sa confiance; les erreurs dont les parties pourraient être victimes seraient son ouvrage.

» On oppose l'usage concentré *dans quatre départements. Cet usage n'est pas général.* Contraire à la loi, *il n'est qu'un abus* incapable de créer un droit. Il ne pourrait être pris en considération que dans le cas où l'intérêt public en réclamerait le maintien. Votre Commission pense que la possession dans laquelle seraient les Commissaires-Priseurs, les Greffiers et les Huissiers, de faire des adjudications à terme et d'effacer ainsi leur responsabilité personnelle, serait *en opposition manifeste avec l'intérêt des parties* aussi bien qu'avec les dispositions de la loi (1). »

La Chambre des Pairs adopta la disposition qui réservait exclusivement aux Notaires les ventes à terme, et retrancha, comme inutile et surabondante, celle qui accordait aux Commissaires-Priseurs et Huissiers la faculté de faire des crédits sous leur responsabilité personnelle (2).

Le projet, ainsi amendé par la Chambre des Pairs, fut reporté à la Chambre des Députés le 6 avril 1835. M. le Garde-des-Sceaux justifia la disposition relative aux ventes *à terme en peu de mots.*

Les Commissaires-Priseurs ne sont point institués pour constater les conventions faites entre les parties; tout dans leur mission est instantané. Ils doivent livrer ce qu'ils vendent et recevoir le prix en échange. *Tout doit être consommé par la livraison*, autrement la partie qui fait faire la vente *n'aurait que des procès en perspective*, puisque ne pouvant pas recevoir du Commissaire-Priseur *un titre paré et exécutoire*, elle n'aurait pas d'autre ressource *que de faire citer devant les tribunaux les adjudicataires inconnus et souvent insolvables que la chaleur des enchères lui aurait donnés.*

(1) Art. 8792. J. N.
(2) Art. 8792. J. N.

Le Rapport de la Commission chargée de l'examen du projet de loi, fut présenté le 8 mai 1835 par M. Boudet. Après avoir rappelé brièvement les modifications diverses que ce projet avait subies dans les deux Chambres, il proposa l'adoption pure et simple de la résolution de la Chambre des Pairs (1).

La session fut close sans que la discussion s'ouvrît de nouveau devant la Chambre des Députés. Les choses restèrent en cet état *pendant 5 ans*, puis M. le Garde-des-Sceaux présenta le *5 février 1840*, à la Chambre des Députés, un nouveau projet de loi relatif, non plus comme les précédents, seulement aux ventes des récoltes sur pied et des autres objets adhérents au sol et destinés à en être détachés, mais aux ventes de biens meubles en général.

L'article 12 du projet n'accordait aux Commissaires-Priseurs de droit exclusif que pour les ventes d'objets mobiliers corporels, *susceptibles d'exposition et de livraison immé-diate*, ce qui impliquait la condition du prix payé comptant. Dans l'exposé des motifs, M. le Garde-des-Sceaux reconnaissait que, d'après la nature de leurs attributions, les Commissaires-Priseurs ne pouvaient vendre qu'au *comptant;* il leur accordait seulement la faculté de faire des crédits aux acheteurs, mais sous leur responsabilité personnelle.

La pensée du Gouvernement, expressément déclarée par M. le Garde-des-Sceaux, était d'*innover sur un seul point*, en accordant aux différentes classes d'Officiers publics la concurrence pour les ventes au comptant de récoltes pendantes par racines et des autres objets adhérents au sol, que la jurisprudence de la Cour de Cassation défère exclusive-ment aux Notaires, sans distinction de paiement du prix au comptant ou à terme, et de maintenir pour tout le reste les attributions des Officiers vendeurs de meubles telles que la législation, interprétée par les Cours et les Tribunaux, les a consacrées.

1° DROITS ET INTÉRÊTS DES PROPRIÉTAIRES.

En toute matière, surtout lorsqu'il s'agit de dispositions législatives, il faut, si on ne veut pas se laisser égarer par des considérations secondaires, s'attacher à un principe et en déduire franchement les conséquences. Or, quel est le principe de toute loi sur les ventes publiques de meubles? C'est qu'il est interdit, sous des peines sévères, aux pro-priétaires, de vendre eux-mêmes aux enchères leurs meubles de toute espèce, qu'ils doivent employer le ministère d'Officiers publics spécialement institués pour ces ventes. Ainsi, la loi sur les ventes de meubles est essentiellement une restriction au droit de propriété; elle enlève au propriétaire la faculté naturelle de disposer de sa chose de la

(1) Art. 8852. J. N.

manière qui lui convient; elle lui constitue, dans la personne de l'Officier public, un mandataire forcé.

Mais, en échange de la liberté naturelle dont elle le prive, la loi doit procurer au propriétaire les garanties que, dans son intérêt bien entendu, il peut exiger; et la première, la plus importante de ces garanties est celle du paiement du prix des objets mis en vente. Or, cette garantie ne peut pleinement se trouver que dans cette alternative : ou le paiement comptant du prix, ou un titre exécutoire en vertu duquel le propriétaire peut, sans retard et sans contestation, opérer le recouvrement du prix sur les acquéreurs. Si on se place au point de vue de la loi, on reconnaîtra que l'une ou l'autre de ces garanties est un devoir de la tutelle qu'elle s'est arrogée dans cette circonstance sur les intérêts et les droits du propriétaire, dans un but sans doute d'ordre public, mais aussi dans un intérêt fiscal.

Cette condition, ce devoir essentiel de toute loi sur les ventes de meubles, il est rempli par le projet du Gouvernement; il est, au contraire, méconnu et violé par le projet de la Commission de la Chambre des Députés.

Suivant le premier, si la vente est faite au comptant, le paiement du prix est assuré au propriétaire par la responsabilité de l'Officier vendeur; si la vente est faite à terme, la loi commande au propriétaire de s'adresser au Notaire, qui seul peut lui procurer un titre exécutoire. Ainsi, pour les ventes au comptant, concurrence entre tous les Officiers vendeurs de meubles; pour les ventes à terme, droit exclusif des Notaires; telles sont les conséquences naturelles du principe de la loi.

Le projet de la Commission établit la concurrence pour les ventes à termes comme pour les ventes au comptant. Elle place sur la même ligne des Officiers publics qui ont des attributions et des pouvoirs différents; au propriétaire dont l'intérêt évident est d'avoir ou le prix comptant, ou un certain titre pour se faire payer, elle présente également, indistinctement, le Notaire qui peut seul lui donner ce titre, et l'Huissier, le Commissaire-Priseur, le Greffier qui ne peuvent lui fournir qu'un acte sans force d'exécution et sujet à contestation. C'est, s'il est permis de le dire, tendre un piège à la confiance du propriétaire et prêter une arme, pour abuser de sa bonne foi, à la rivalité des Officiers publics.

La Commission paraît avoir compris la puissance de ce reproche, mais comment essaie-t-elle d'y échapper? Par une injustice, une criante injustice, en appliquant la responsabilité de l'Officier vendeur à la vente à terme, de même qu'à la vente au comptant. « La responsabilité, a dit M. le Rapporteur, incontestable en matière de ventes au comptant, doit, par analogie, être adoptée pour les ventes à terme. »

Mais cette prétendue analogie que la Commission n'a pas même expliquée, est une

4

erreur manifeste. Dans la vente au comptant, l'Officier public est nécessairement responsable; il reçoit ou doit recevoir le prix à l'instant de la délivrance ou remettre immédiatement l'objet aux enchères. S'il consent à faire des crédits, c'est son affaire personnelle : il apprécie la solvabilité des adjudicataires, il accorde crédit à celui-ci et le refuse à celui-là; il n'accepte que le débiteur qui lui convient et dont il est parfaitement sûr. Mais, du moment qu'un *terme de paiement est annoncé dans les affiches et le procès-verbal de vente*, tout individu qui se présente est admis à enchérir sous le bénéfice de cette condition ; connu ou inconnu, solvable ou insolvable, celui qui a mis la plus forte enchère doit être déclaré adjudicataire sans que l'Officier vendeur puisse exiger de lui aucune garantie. Et l'on veut que cet Officier soit responsable du prix d'une semblable adjudication; qu'il soit garant, caution, solidaire d'un enchérisseur qu'il n'avait pas le pouvoir de repousser, qu'il a dû accepter pour acquéreur, quoique peut-être il connût son insolvabilité ou sa mauvaise foi! Cette doctrine est évidemment insoutenable, contraire à toutes les idées de droit et de justice.

« Dans les ventes à terme, disait M. Tripier, dans son excellent rapport du 12 mar$_s$ 1835, à la Chambre des Pairs, *le vendeur perd nécessairement son recours contre l'Officier qui est autorisé à délivrer la chose sans en recevoir le prix, et on s'étonne que la Commission ait pu le mettre en oubli.* »

Cependant elle a compris que la responsabilité ne pouvait, pour les ventes à terme, être imposée à l'Officier public d'une manière absolue. Voici donc l'expédient qu'elle proposa pour remédier à cette injustice : « Il faut que l'Officier ministériel ne supporte que la responsabilité qu'il a bien voulu encourir : en acceptant de vendre aux termes exigés par le vendeur, il accepte en même temps tous les risques qui peuvent en résulter. Si ces risques l'effraient, *qu'il s'en fasse affranchir par son requérant*, que si l'un et l'autre refusent de les prendre à leur charge, *la vente alors devra se faire au comptant.* »

Et la Commission appelle cela concilier tous les intérêts ! Il faut dire, au contraire, que c'est mettre aux prises l'intérêt de l'Officier public et l'intérêt du vendeur, les placer dans un état inévitable de lutte et d'hostilité; car, de deux choses l'une, ou le propriétaire imposera à l'Officier ministériel une responsabilité écrasante, une responsabilité sans compensation, puisque dans le système de la Commission, l'Officier public ne peut exiger aucune prime, aucun dédommagement; ou l'Officier public parviendra à s'affranchir d'une responsabilité qu'avec raison, il considérera comme injuste, et alors le vendeur restera en présence de débiteurs qu'il n'a point choisis, qu'il ne connaît pas, qui, peut-être sont insolvables, et sera réduit à leur faire des procès pour obtenir contre eux un titre exécutoire. Dans ce conflit d'intérêts, lequel sera le plus souvent sacrifié? Sans nul doute, ce sera l'intérêt du propriétaire, car pour se soustraire à une responsabilité onéreuse et sans aucun avantage licite, *l'Officier sera porté à user de toutes les ressources de son esprit, de toute l'influence que l'homme public obtient facilement sur les habitants des campagnes.* Mais, dit la Commission, que la vente alors se fasse au comptant! et tout à l'heure elle déclarait que la vente à terme était, dans beaucoup de circonstances, non-seulement une faculté, mais même une nécessité. Et voilà qu'actuellement, pour concilier les intérêts de l'Officier public et du propriétaire, elle ne trouve en définitive rien de mieux que la vente au comptant.

Certes, il eût été bien plus simple d'écrire nettement dans la loi que si le propriétaire voulait vendre au comptant, il pouvait s'adresser indistinctement au Notaire, au Commissaire-Priseur, à l'Huissier; que s'il entendait vendre à terme, il devait recourir au ministère du Notaire, qui seul pouvait lui procurer ce qu'il y a de mieux après de l'argent comptant, savoir un titre exécutoire contre ses débiteurs. Dans ce système, qui était celui du projet du Gouvernement, tous les intérêts étaient réellement satisfaits; ils ne pouvaient ni se rencontrer ni se heurter, car ils n'étaient pas même mis en contact; tandis que, suivant le projet de la Commission, il fallait de toute nécessité que l'intérêt de l'Officier public fût sacrifié à celui du propriétaire, ou l'intérêt du propriétaire compromis à l'avantage de l'Officier.

Mais quels si grands inconvénients la Commission trouvait-elle donc à la distinction des ventes au comptant et des ventes à terme proposée par trois projets de loi du Gouvernement, admise par deux résolutions de la Chambre des Pairs et appuyée par trois Commissions de la Chambre des Députés? S'il s'agissait ici de peser les opinions, il semble que cette masse imposante de témoignages devait l'emporter sur une résolution unique de la Chambre des Députés. Dans une matière étrangère à tout intérêt politique, et qui est en quelque sorte du domaine de l'administration, lorsque le Gouvernement, mieux que personne en position d'apprécier les besoins et les intérêts généraux, a persisté pendant huit ans à proposer dans trois projets de loi successifs, de réserver exclusivement aux Notaires la *vente à terme*, la Commission ne devrait-elle pas craindre, en repoussant cette proposition, de favoriser quelques intérêts particuliers au préjudice de l'intérêt général?

Cependant, la Commission réclame pour les propriétaires la liberté de choisir l'Officier public qu'ils jugent le plus digne de leur confiance.

La Commisison n'attache d'ailleurs qu'une faible importance à l'argument tiré de ce que les Notaires peuvent seuls donner la force exécutoire aux conventions des parties. Dans le fait, dit-elle, les Notaires ne procèdent pas autrement que les Huissiers ou les Commissaires-Priseurs, même pour les ventes à terme; le procès-verbal du Notaire n'a pas plus de force que celui de l'Huissier. En supposant même que les Notaires s'assujétissent aux formalités prescrites par la loi du 25 ventôse an XI, la seule différence serait qu'en vertu de l'acte notarié, le vendeur pourrait faire saisir immédiatement l'acheteur, tandis qu'avec une expédition du procès-verbal de l'Huissier, il doit, avant d'exécuter, obtenir un jugement; cette différence n'est pas assez grande pour imposer au propriétaire une garantie qu'il juge illusoire et le contraindre dans la liberté de son choix.

Reprenons et examinons ces diverses considérations :

Il faut commencer par écarter la liberté du propriétaire, qui est tout à fait désintéressée dans la question. La liberté du propriétaire consisterait à vendre lui-même des meubles de toute espèce aux enchères : cette liberté, la loi la lui enlève; après cela, ce qui lui importe, c'est le paiement assuré du prix de la vente; sa liberté est ici sa sécurité, il est fort indifférent au propriétaire que telle ou telle classe d'Officiers publics soit chargée par le législateur de faire les ventes publiques de meubles, mais il est important pour lui que cette mission ne soit confiée qu'aux Officiers qui peuvent, par la nature de leurs attributions, lui procurer des garanties auxquelles il a légitimement droit. Tout propriétaire a nécessairement un Notaire, aux conseils, au ministère duquel il a recours pour traiter ses affaires; il peut fort bien n'avoir jamais besoin d'un Huissier. On n'a point un Huissier à soi comme on a un Notaire. Quel inconvénient trouve-t-on à ce que le propriétaire soit obligé de s'adresser pour la vente à terme de ses meubles de toute espèce, au Notaire qui reçoit les baux de ses biens, ses contrats de vente ou d'acquisition, qui a passé son contrat de mariage ou ceux de ses enfants? Le propriétaire n'a nul intérêt à pouvoir choisir pour les ventes à terme, entre les Huissiers et les Notaires, mais les Huissiers ont un grand intérêt à cette faculté d'option du propriétaire, parce que, à l'aide de la libre concurrence, ils auront l'espoir d'attirer à eux une partie, la plus grande partie des ventes volontaires; il serait plus franc, peut-être, de ne pas faire intervenir l'intérêt des propriétaires lorsqu'on ne plaide réellement que dans l'intérêt des Huissiers.

La Commission professe un grand respect pour les usages, ce n'est pas nous qui lui en ferons un reproche. Mais le législateur n'a point pour mission de sanctionner aveuglément les usages; il doit les apprécier, les juger, souvent même les réformer. En supposant que les usages, en matière de vente de meubles, dont se prévalait la Commission, soient aussi certains, aussi généraux qu'elle paraissait le croire, il y aurait encore à examiner si loin d'être le produit spontané des besoins des populations, ils ne seraient pas le résultat d'une concurrence abusive entre les diverses classes d'Officiers publics. Ces prétendus usages, au surplus, doivent être réduits à leur juste valeur.

La Commission a généralisé la question des ventes à terme dont le projet du Gouvernement ne s'était explicitement occupé qu'à l'égard des fruits en récoltes pendants par racine. M. le Rapporteur s'est étendu longuement sur les ventes à terme des meubles de toute espèce qu'il a présentées comme une nécessité locale dans beaucoup de circonstances.

M. Tripier, dans son rapport à la Chambre des Pairs, disait, « on oppose l'usage consacré dans quatre départements. »

« Cet usage n'est pas généralement contraire à la loi, il n'est qu'un abus incapable de créer un droit, il ne pourrait être pris en considération que dans le cas ou l'intérêt public en réclamerait le maintien. Votre Commission pense que la possession dans laquelle se trouveraient les Commissaires-Priseurs, les Greffiers et Huissiers de faire des adjudications à terme, *et d'effacer ainsi leur responsabilité personnelle, serait en opposition manifeste avec l'intérêt des parties*, aussi bien qu'avec les dispositions de la loi. »

La Commission se trouvait, en décrétant la libre concurrence pour les ventes à terme, placée entre le danger *d'effacer la responsabilité des Officiers publics*, au détriment des propriétaires, et l'injustice de rendre l'Officier public garant du débiteur, qu'il n'a point choisi et dont la solvabilité lui est inconnue. Elle a réussi a consacrer l'injustice envers l'Officier public responsable de la vente à terme, mais en l'autorisant à se faire décharger par le vendeur de cette responsabilité. Il était difficile de rencontrer un plus malheureux expédient.

La Commission s'est appuyée de l'usage qui s'est introduit pour les ventes des récoltes à terme, de constituer l'Officier public, moyennant une rétribution convenue, garant du recouvrement du prix. « Nous n'avons fait, dit M. le Rapporteur, que consacrer, en le régularisant, ce qui se passe dans la pratique ; nous n'y dérogeons qu'en ne permettant pas à l'Officier public de vendre sa responsabilité. »

Il ne nous convient pas de nous porter pour défenseurs de cet usage ; il avait l'inconvénient grave de dénaturer le ministère de l'Officier vendeur, de le convertir en agent de poursuites et de procès. Mais au moins il avait pour résultat de concilier les intérêts de l'Officier public et ceux du propriétaire, en assurant au premier un juste dédommagement de sa responsabilité, et au second le recouvrement du prix de la vente.

Maintenir, comme le proposait la Commission, la responsabilité de l'Officier public, en lui enlevant la rétribution que l'usage y attachait et lui permettait en même temps de s'en faire décharger, c'est l'inviter à faire tous ses efforts pour se soustraire, au préjudice du propriétaire, à une obligation évidemment injuste. Dans cet antagonisme inévitable d'intérêts, il faudrait nécessairement qu'il y eût une victime ; et la victime, nous l'avons déjà dit, ce serait le plus souvent le propriétaire.

La Commission n'a pas voulu voir que l'état actuel des choses n'est point régulier ; que par suite des contestations soulevées depuis 20 ans entre les Notaires et les autres Officiers vendeurs de meubles, des usages ou plutôt des abus contraires au caractère public de ces Officiers, à la nature de leurs attributions respectives, avaient pu et dû s'établir. Le législateur était appelé à reformer cette situation, et non à perpétuer la confusion. La seule voie ouverte pour y parvenir était de rentrer hardiment dans les principes, et puisqu'on adoptait la disposition du projet du Gouvernement qui accordait la concurrence pour les ventes de récoltes, il fallait, comme ce projet, réserver les ventes de meubles à terme aux Notaires, à qui elles appartiennent par la loi de leur institution. Loin de là, la Commission s'est placée au sein des abus et les a convoqués comme auxiliaires de sa proposition. C'est encore, ainsi qu'elle s'appuyait de l'usage abusif suivi par les Notaires de quelques localités, de procéder aux ventes à terme par simple procès-verbal, sans s'astreindre aux formalités prescrites par la loi du 25 ventôse an XI. « Dans le fait, dit M. le Rapporteur, les Notaires n'opèrent pas autrement que les Huissiers, et leur procès-verbal n'a pas plus de force que celui de ces Officiers ministériels. »

Qu'il nous soit permis de rappeler encore à ce sujet les paroles prononcées par M. le Garde-des-Sceaux devant la Chambre des Députés, le 29 décembre 1834. « On fait, disait-il, une objection qui a souvent été répétée dans le cours de cette discussion. On dit que l'acte que ferait un Notaire ne serait pas plus exécutoire que celui du Commissaire-Priseur; il faudrait, pour cela, que cet acte fût signé par toutes les parties! et les Notaires ne font pas signer parce qu'il faudrait trop de signatures, je réponds à cela que *les Notaires qui ne font pas signer manquent à leurs devoirs.* Je dis qu'ils manquent à leurs devoirs parce qu'un Notaire ne peut pas recevoir un acte sans le faire signer, à moins que les parties ne déclarent ne pas savoir signer (1).

Eh bien! cet abus, cette infraction à la loi contre laquelle s'élevait avec tant de force le Chef de l'administration de la justice, la Commission ne craignait point de le convertir en disposition législative, en autorisant tous les Officiers publics à procéder aux ventes à terme dans la forme d'un simple procès-verbal.

Mais avec l'acte notarié, rédigé dans la forme exigée par la loi du 25 ventose an XI le vendeur peut faire saisir immédiatement les biens de son débiteur; avec le procès-verbal de l'Huissier, il faut, avant d'exécuter, qu'il obtienne un jugement. Voilà l'unique différence.

Cette différence est immense; pour ne pas l'apprécier, il faudrait bien peu connaître l'esprit et les habitudes des habitants des communes rurales.

Lorsqu'un acquéreur sait que le vendeur a contre lui un titre en vertu duquel il peut faire saisir sur-le-champ ses meubles, ses bestiaux, les objets nécessaires à l'existence de sa famille, il a grand soin de se mettre en mesure de remplir ses engagements, il réunit toutes ses ressources et tient son argent prêt pour le jour de l'échéance. Dans les campagnes, une saisie est à la fois un signe d'indigence et une espèce de déshonneur pour

(1) Voir note page 21.

celui qui en est l'objet : elle lui enlève tout crédit pour les transactions journalières de la vie agricole ; c'est comme un stigmate dont il reste marqué et qui éloigne de lui pour longtemps la confiance.

Le titre exécutoire agit bien plus par son influence préventive que par sa force coërci-tive. Mais si le créancier, avant d'entrer dans les voies d'exécution, est réduit à faire assigner, à solliciter un jugement, le débiteur ne se presse pas, il se repose sur la débonnaireté de son créancier, sur sa répugnance pour les procès, sur sa crainte d'exposer des frais de procédure dont le remboursement pourrait n'être pas assuré. Quand arrive le jour de l'échéance, l'acquéreur se présente chez le vendeur, il lui offre un à-compte et demande un délai pour payer le restant du prix. Le propriétaire est bien forcé de l'accorder ; s'il le refusait, il ne recevrait rien, et n'en serait pas moins contraint d'attendre ; à l'expiration du délai, nouvel à-compte et nouvelle demande d'un terme pour la libération. Heureux le propriétaire si, après deux ou trois remises semblables, il est parvenu à opérer, par petites portions, le recouvrement intégral de sa créance. Si, poussé à bout, il se décide enfin à envoyer une citation à son débiteur, les formes dilatoires de la procédure viennent de nouveau protéger la négligence ou la mauvaise volonté de ce dernier ; et quand le jugement sera rendu, la créance, grossie de tous les frais de la procédure, sera peut-être devenue irrécouvrable. Si, armé d'un titre exécutoire, le vendeur avait, à défaut de paiement aux termes convenus, fait pratiquer une saisie, il aurait encore trouvé chez son débiteur les grains et fruits récoltés ; mais, pendant les délais accordés avant la citation, et durant ceux du procès, il ne serait pas du tout étonnant qu'ils eussent été consommés ou vendus par le débiteur. Si, d'un autre côté, on considère que le prix des récoltes est pour le propriétaire, non un capital, mais un revenu, on pourra facilement se faire une idée de la gêne et des embarras dans lesquels peut le jeter l'absence d'un titre immédiatement exécutoire. « Faites-y attention, disait M. le Garde-des-Sceaux, à la Chambre des Députés le 29 décembre 1834, quand c'est le Notaire qui fait la vente à terme, il y a un acte exécutoire ; *il ne peut y avoir procès.* Si l'acquéreur ne paie pas, avec l'acte on le fait exécuter : on vend ce qu'il a, et on se paie. Au contraire, avec le Commissaire-Priseur, *vous n'avez pas même un titre ayant force d'obligation privée,* puisque le procès-verbal n'est pas revêtu de la signature des parties. A l'expiration du terme, si l'acquéreur ne paie pas, vous serez obligé de l'assigner devant le Juge-de-Paix, s'il s'agit d'une somme moindre de 100 fr., et devant les Tribunaux si la somme est plus forte, et *vous aurez un procès qui durera six mois ou un an.* Je vous le demande, est-ce là une bonne législation ? »

Tous les hommes sensés, pour peu qu'ils aient l'expérience de la manière dont les affaires se traitent dans les campagnes répondront avec M. le Garde-des-Sceaux : Non cette législation ne serait pas bonne, car elle enlèverait paix et sécurité aux propriétaires, en même temps qu'elle offrirait un encouragement à la négligence ou à la mauvaise foi des acheteurs nécessiteux.

Mais, dira-t-on, pourquoi contraindre le propriétaire à aller chercher auprès du Notaire une garantie qu'il juge illusoire? Nous venons de voir si un titre exécutoire est ici une garantie illusoire; si le projet de la commission avait été adopté, ce ne serait pas le propriétaire, ce serait la loi qui la réputerait illusoire. Il penserait que le législateur, qui devait en savoir plus que lui, n'aurait pas confié aux Huissiers et aux Notaires les mêmes pouvoirs pour les ventes à terme, si les uns et les autres ne devaient pas lui procurer d'égales garanties; l'Huissier de sa commune, la loi à la main, ne manquerait pas d'ailleurs de le lui dire; et, après que la vente serait faite, l'officier ministériel, en même temps qu'il le ferait décharger de sa responsabilité, le chargerait volontiers d'opérer, comme mandataire du vendeur, le recouvrement. On comprend, du reste, pourquoi l'Huissier n'est pas comme le Propriétaire; il n'a pas, lui, peur des procès !

Une autre erreur grave de la commission est d'avoir considéré abstractivement la condition de terme, de l'avoir isolée des autres stipulations qui en sont la conséquence naturelle; elle dit aux Huissiers et aux Commissaires-Priseurs. On vous autorise à faire les ventes à terme, mais vous n'irez pas plus loin, tout empiètement au delà de cette ligne sera sévèrement réprimé.

Evidemment, cette prétendue limite est impossible en fait, injuste et arbitraire en droit. Une loi est mauvaise lorsqu'elle pose des bornes que la nécessité, plus forte que toutes les lois, doit faire franchir. Annoncer une vente à terme sans exiger aucune garantie, de la part des adjudicataires, ce serait appeler aux enchères tous les indigens d'une commune. L'intérêt de l'Officier public, s'il est responsable; s'il ne l'est pas, l'intérêt du propriétaire ne peut accepter une pareille situation; il faut de toute nécessité qu'une garantie personnelle ou réelle, un cautionnement ou une hypothèque puisse être imposée aux enchérisseurs dont la solvabilité n'est pas notoire. Si la loi le défend, si elle commande aux Huissiers et Commissaires-Priseurs de s'arrêter à la stipulation de terme, la loi sera injuste et on la violera; certes, l'Huissier ou le Commissaire-Priseur n'ira pas faire souscrire aux parties dans son procès-verbal de vente un acte de cautionnement ou d'hypothèque; il sait bien qu'il s'exposerait par là à une répression sévère. Mais, déposant pour un instant le ministère d'Officier-Vendeur de meubles, il fera stipuler dans un acte sous seing privé les garanties nécessaires au vendeur ou à sa propre responsabilité. Si, au contraire, la loi, après avoir posé le principe veut en admettre les conséquences, il faut absolument qu'elle confère aux Commissaires-Priseurs et Huissiers le pouvoir de recevoir les conventions de cautionnement d'hypothèques et toutes celles qui se lient intimement à la condition de terme; mais alors, comme le disait M. Renouard, rapporteur de la première Commission de la Chambre des Députés, *on ajouterait aux Notaires existants autant de Notaires qu'il existe maintenant d'Huissiers, de Commissaires-Priseurs et de Greffiers.* Mais alors, comme le déclarait M. Boudet, rapporteur de la seconde Commission, *toutes les hautes considérations, toutes les raisons d'ordre public et d'intérêt social sur lesquelles s'appuie la grande institution du Notariat seraient ébranlées et remises en question par l'atteinte portée au droit exclusif qui de tout temps a appartenu aux Notaires, de recevoir les conventions et de leur conférer la forme authentique.*

Les Huissiers habitent les campagnes ou les parcourent nécessairement pour l'exercice de leurs fonctions ordinaires; par leur position sociale et leur éducation, ils se rapprochent plus qu'aucune autre classe d'Officiers publics, des petits propriétaires et des cultivateurs; ils possèdent d'ailleurs un puissant levier d'influence dans l'espèce de crainte qu'inspire la rigueur de leur ministère ordinaire. Une fois investis du droit de procéder aux ventes à terme, ils parviendront certainement, dans un temps donné, à attirer à eux la majorité, sinon la totalité de ces ventes. Or, nous le demandons, est-il sage, est-il prudent d'enlever cette attribution aux Notaires, hommes de paix et de conciliation pour la transférer aux Huissiers? Qu'on appelle du nom qu'on voudra la stipulation du terme de paiement, simple condition de la vente ou convention entre les parties, toujours est-il qu'insérée dans un procès-verbal, dénué de toute force exécutoire, elle doit très-souvent avoir pour suite des conventions nécessaires à la sécurité du vendeur, qu'elle implique dans tous les cas un mandat pour opérer des recouvrements, pour actionner et poursuivre les débiteurs. Dans les conditions d'instruction et d'aptitude exigées pour les fonctions des Huissiers, le faible cautionnement qui leur est imposé, dans la valeur des offices et la position de fortune du plus grand nombre de ces officiers ministériels, trouve-t-on des garanties morales et matérielles suffisantes pour ces nouvelles et importantes attributions? Personne n'oserait l'affirmer, surtout si M. le Garde-des-Sceaux voulait produire les renseignements qu'il doit posséder sur le personnel des Huissiers en général, non certainement sur leur moralité que nous sommes loin d'attaquer, mais sur le degrès d'instruction, sur la situation sociale de ces Officiers ministériels dans les diverses parties de la France.

Il ne faut pas d'ailleurs oublier que le principal ministère des Huissiers est de faire des actes de procédure et de poursuite : entre vivre de procès et sinon les provoquer, au moins ne pas les repousser, la distance est faible et la pente est facile. Si les ventes *à terme* peuvent devenir une source abondante de procès, la raison du législateur doit lui commander de ne pas dépouiller de cette attribution les Notaires, portés par devoir et par intérêt à prévenir et éteindre les contestations judiciaires, pour les donner à ceux-là même de tous les Officiers publics qui pourraient trouver avantage et profit à les entretenir et à les exploiter.

2° DROITS ET INTÉRÊTS DES OFFICIERS PUBLICS.

Quand on lit le rapport de la Commission, on est tenté de se demander si c'étaient les attributions des Notaires ou celles des Huissiers et Commissaires-Priseurs que proposait de diminuer le projet de loi du Gouvernement, attaqué par la Commission dans une de ses dispositions essentielles. Il semblerait, d'après le rapport, que ce projet tendait à dépouiller les Huissiers d'un droit dont ils seraient depuis longtemps en possession et que ce serait aux Notaires qu'on aurait à reprocher d'envahir les attributions des autres corporations : il n'en est rien cependant, et c'est le contraire qui est la vérité.

Il se fait, il est vrai, beaucoup de ventes à terme, de meubles, pour lesquelles des crédits particuliers sont accordés par l'Officier vendeur. Or, on voulait faire disparaître cette fiction de ventes au comptant, sous faculté de crédit, et les remplacer par ce qu'elles sont réellement, par des ventes avec stipulation de terme dans le procès-verbal de l'Officier public. Nous répétons encore que la vente avec stipulation de terme ne peut aucunement tenir lieu de la vente sous faculté de crédits. Veut-on savoir ce que remplace réellement la vente sous faculté de crédit? Nous allons le dire : elle remplace la vente avec stipulation de terme, *mais en même temps sous condition de cautionnement ou de toute autre garantie de la part des acheteurs dont la solvabilité ne serait pas notoire.* En effet, dans le cas de vente au comptant avec faculté de crédit, que fait l'Officier public? Il use de cette faculté envers les adjudicataires dont la solvabilité et la bonne foi lui sont personnellement connues; il fait payer comptant, au moment de la livraison, ceux qu'il suppose ne pas offrir les mêmes motifs de sécurité; c'est-à-dire ceux de qui il devrait, pour mettre sa responsabilité à couvert, exiger soit une caution, soit une hypothèque, si la vente était faite avec stipulation de terme insérée dans le procès-verbal de vente. Mais, dans le système de la Commission, le droit de concurrence des Commissaires-Priseurs et Huissiers devrait s'arrêter à la stipulation de terme inclusivement; les conditions de cautionnement et d'hypothèque seraient, de leur part, suivant les propres expressions de M. le Rapporteur, des empiètements qui devraient être sévèrement réprimés.

Il serait difficile de prendre au sérieux l'hypothèse prévue par M. le Rapporteur, de la stipulation d'un terme de vingt-quatre heures, à l'aide de laquelle les Notaires pourraient s'enquérir de toutes les ventes de meubles. D'abord, une pareille stipulation ne pourrait même par un Notaire, être insérée dans un simple procès-verbal de vente; car, comme l'a dit M. le Garde-des-Sceaux, les Notaires manquent essentiellement à leurs devoirs, lorsqu'ils n'emploient pas, pour toute vente à terme, les formes prescrites par la loi du 25 ventose an XI. Ensuite, des subterfuges de ce genre seraient peu de mise dans la pratique, la rivalité, toujours ardente, des Commissaires-Priseurs et des Huissiers, ne tarderait pas à les démasquer, et les Tribunaux ne manqueraient certainement pas de les réprimer. Nous reconnaissons que la loi ne doit pas offrir à une classe d'Officiers publics les moyens d'envahir indirectement les attributions des autres classes; et c'est là justement une des raisons principales sur lesquelles nous insistons. En effet, si, d'une part, les Huissiers et Commissaires-Priseurs étaient autorisés à faire, sous leur responsabilité personnelle, des ventes avec stipulation de terme, si, d'un autre côté, on leur interdit toute autre convention tendant à assurer le paiement à l'échéance, ces Officiers publics se trouveraient, de cette manière, engagés dans une impasse d'où ils ne pourraient sortir qu'en sacrifiant les intérêts du vendeur ou en empiétant sur les fonctions des Notaires. Il n'y a pas de milieu pour eux : ou se faire décharger de leur responsabilité par le propriétaire qui reste alors sans garantie et sans titre exécutoire contre ses débiteurs, ou mettre cette responsabilité à couvert en faisant souscrire aux débiteurs d'une solvabilité douteuse, des engagements privés en dehors du procès-verbal de vente. Or, ces engagements privés, rédigés par un Officier ministériel pour suppléer à son incapacité légale, seraient bien certainement une usurpation des fonctions notariales. Ce n'est point ici une hypothèse destituée de toute probabilité, mais une nécessité imposée aux Commissaires-Priseurs et Huissiers, en plaçant la limite de leurs attributions au delà, au lieu d'en deçà de la stipulation du terme.

Les arguments sur lesquels on s'appuyait principalement étaient le droit de libre concurrence et l'appréciation de la stipulation de terme, comme condition inhérente à la vente. Sur ce point nous laisserons d'abord parler M. Tripier, dont la raison a posé, dans le rapport fait à la Chambre des Pairs le 12 mars 1835, en matière de concurrence, des principes qui pouvaient servir de guide au législateur. Il disait :

« La concurrence entre professions différentes n'a jamais été considérée par le législateur comme un bienfait. Dans tous les temps il a pris soin de tracer les limites de chacune d'elles, et il a interdit de les franchir. *La division des fonctions est d'une sage administration*, utile au public autant qu'aux fonctionnaires eux-mêmes, et propre à entretenir l'harmonie et à maintenir l'ordre dans la société. Si la concurrence peut être admise quelquefois, ce ne peut être qu'entre des hommes *placés sur la même ligne sous le rapport des études, de la capacité et des garanties qu'ils présentent à la société, et seulement pour des fonctions auxquelles ils sont également propres*. Il ne peut en être de même des Officiers de capacité essentiellement inégale, dont les études, les épreuves et les examens n'ont eu aucune similitude, et pour des fonctions importantes qui exigent une instruction spéciale. *La concurrence, en pareil cas, serait désordre et confusion*. Le législateur ne doit confier la *rédaction des conventions* qu'aux Officiers dont la capacité lui est garantie. S'il présentait au public des hommes incapables, il tromperait sa confiance ; *les erreurs dont les parties pourraient être victimes seraient son ouvrage.* »

Ainsi, suivant M. Tripier, la division des fonctions est la règle, la concurrence l'exception, Il ne permet celle-ci qu'entre les Officiers publics présentant les mêmes garanties de capacité et pour des fonctions auxquelles ils sont également propres. La commission, au contraire, prenait la concurrence pour la règle générale et la division des fonctions pour l'exception ; c'est-à-dire qu'elle appliquait aux fonctions publiques le principe de l'industrie privée. Au lieu de poser la limite de la concurrence au point précis où s'arrête la communauté de capacité et d'attribution des Commisseurs-Priseurs et Huissiers d'une part, et des Notaires, d'autre part, elle transportait cette limite au sein même des attributions notariales. La concurrence, ainsi organisée, ne serait, suivant l'expression de M. Tripier, que désordre et confusion.

Les Notaires ont été institués pour *recevoir tous les actes et contrats auxquels les parties doivent ou veulent donner le caractère d'authenticité attaché aux actes de l'autorité publique.* (Loi du 25 ventose an XI, article 1er). La rédaction des conventions, telle est donc l'attribution spéciale et exclusive des Notaires. Les Huissiers et Commissaires-Priseurs ont reçu de la loi la mission de constater les faits qui se sont passés devant eux, c'est par cette raison que leurs actes sont rédigés dans la forme d'un simple procès-verbal, revêtu seulement de leur signature. En matière de vente de meubles, leur procès-verbal, disait M. le Procureur général Mourre, dans un de ses réquisitoires, leur procès-verbal *se compose uniquement de l'énonciation des choses vendues et du prix pour lequel elles sont adjugées ; il fait preuve de la vente et n'a pas d'autre caractère qu'une preuve.* Enfin des conditions différentes d'études, d'examen et de capacité ont été imposées à ces diverses classes d'Officiers publics, suivant la nature de leurs attributions respectives.

Toute vente à terme étant une véritable convention, elle ne peut être faite que par les Notaires. C'est ainsi que s'exprimait, en février 1833, M. le Garde-des-Sceaux devant la Chambre des Pairs. Cette opinion sur le caractère de la vente à terme a été professée sans opposition par les Rapporteurs des Commissions de la Chambre des Pairs (MM. Lepoitevin et Tripier), et ceux des deux premières Commissions de la Chambre des Députés (MM. Renouard et Boudet). L'assertion que la stipulation du terme est non une convention, mais une condition inhérente et essentielle à la vente, ne repose que sur une équivoque : sans doute, dans un contrat de vente passé entre les parties, soit devant Notaire, soit sous signature privée, la stipulation, dis-je, est une condition inhérente à la vente ; pourquoi ? Parce que dans ce cas la vente est constatée dans la forme d'un contrat. La stipulation de terme est alors une convention accessoire de la convention principale qui est la vente. Mais la stipulation de terme n'est point essentielle à la vente aux enchères, telle que l'établit le procès-verbal de l'Huissier ou du Commissaire-Priseur ; car dans ce cas·la vente n'est pas constatée comme un contrat, mais seulement comme un fait accompli par la mise aux enchères et par l'adjudication au dernier enchérisseur. Or, la condition du terme ne pourrait être régulièrement stipulée dans cette forme ; elle implique un engagement pour l'avenir, une obligation de la part des acheteurs, et il serait contraire aux éléments mêmes du droit, qu'une obligation même fut constatée sans l'intervention matérielle, sans la signature de l'obligé. Il faudrait donc nécessairement, si les Huissiers et Commissaires-Priseurs étaient autorisés à faire les ventes à terme, ou changer la forme de leurs procès-verbaux en leur permettant d'y recevoir la signature des acheteurs, c'est-à-dire la convention du terme ; ou aviser aux moyens de faire constater en dehors du procès-verbal de vente l'obligation des acquéreurs (1).

Et non-seulement la vente à terme est un contrat, une véritable convention, mais encore elle est le germe et le principe d'autres conventions. « En effet, pour donner force aux ventes avec stipulation de terme, reçues par les Huissiers, Commissaires-Priseurs et Greffiers, il faudrait permettre aussi d'y insérer des stipulations accessoires sans lesquelles une obligation prise pour l'avenir ne sera presque jamais contractée ; il faudrait, par exemple, *que les réceptions de cautions pussent être consignées dans ces actes ;* il faudrait qu'ils *pussent conférer des hypothèques.* » C'est l'observation que faisait M. Renouard, rapporteur de la première commission de la Chambre des Députés. Les mêmes idées se retrouvent dans le rapport de M. Tripier à la Chambre des Pairs. « Les ventes à terme, disait-il, nécessitent des stipulations accessoires ; ces conventions peuvent être nombreuses et variées suivant les circonstances et les exigences des parties ; elles doivent embrasser les époques et le lieu des paiements, les garanties et cautionnements. Convient-il de dépouiller les notaires du droit qui leur est acquis par la loi de leur organisation, de rédiger ces conventions ? » En limitant la concurrence des Huissiers et Commissaires-Priseurs aux ventes au comptant, le projet de loi du Gouvernement trace une ligne franche et nette de démarcation, conforme à la nature des attributions de ces Officiers publics : en deçà de cette ligne, la constatation des faits relatifs à la vente ; au delà, la rédaction des conventions. En transportant cette limite après la stipulations du terme, sans permettre aux Huissiers et Commissaires-Priseurs de recevoir les conventions qui en sont presque toujours la conséquence nécessaire, on introduit ces officiers dans le domaine des conventions, et aussitôt on pose devant eux une barrière toute arbitraire,

---

(1) Voir le décret du 17 av. 1812 à l'égard des ventes publiques de marchandises faites par les Courtiers de Commerce.

qu'on leur défend, mais qu'ils seront moralement forcés de franchir. Répétons, avec M. Tripier, qu'une pareille concurrence, serait désordre et confusion.

Mais, dira-t-on, dans les ventes, même au comptant, les Commissaires-Priseurs, Huissiers et Greffiers, stipulent des conditions bien autrement importantes que celle du terme de paiement : par exemple, l'obligation de livrer de telle manière, les restrictions à la garantie du vendeur, etc. Il ne faut pas se méprendre sur la nature de ces conditions tout à fait différentes de celle du terme de paiement : la loi du 27 *ventose an XI* a autorisé les Commissaires-Priseurs *à recevoir toute déclaration concernant les ventes*, et remarquons, en passant, cette expression de *déclarations* qui exclut implicitement les *conventions*. Les conventions ne sont donc que des *déclarations relatives à la vente*, au mode de livraison ou d'exploitation; conditions, en effet, inhérentes au fait matériel de la vente. Mais la stipulation de terme suppose, de la part de l'acheteur, une obligation, un engagement distinct du fait de la livraison, et qui ne pourrait être régulièrement constaté que par la signature de l'obligé. Or, si le Commissaire-Priseur est autorisé à recevoir des déclarations du vendeur, il ne pourrait recevoir l'obligation de l'acheteur sans usurper l'attribution réservée aux Notaires de constater les conventions. Ajoutons qu'en ce qui concerne les conditions relatives à la livraison ou l'exploitation, le vendeur, muni même d'un titre exécutoire, ne pourrait que faire constater les contraventions commises par l'acheteur, et l'actionner en dommages-intérêts; au contraire, avec un acte notarié emportant exécution parée, il peut, à l'échéance, forcer immédiatement l'acheteur au paiement du prix de la vente.

Relevons maintenant une erreur qui s'est souvent reproduite. Ce n'est point dans un simple procès-verbal de vente, selon la forme déterminée par la loi du 22 pluviose an VII, que les Notaires peuvent insérer des stipulations de terme. Quand ils procèdent de cette manière, *ils manquent essentiellement à leurs devoirs*, suivant l'expression de M. le Garde-des-Sceaux. La vente à terme étant une véritable convention, ne peut être régulièrement constatée que suivant le mode prescrit par la loi du 25 ventose an XI. Le Gouvernement, lorsqu'il réservait exclusivement aux Notaires les ventes à terme, a certainement entendu qu'elles seraient faites désormais dans les formes exigées par cette loi. Ainsi disparaîtrait un abus existant aujourd'hui dans certaines localités et dont l'initiative ne peut certainement être reprochée aux Notaires.

Que prouve le décret du *17 avril 1812* ? Il prouve que lorsque le législateur a jugé nécessaire de charger des Officiers, autres que les Notaires, de procéder à des ventes publiques d'objets mobiliers, dont le prix pouvait être stipulé payable à terme, il n'a point considéré l'acte de ces Officiers comme le titre ou la preuve du contrat, mais seulement comme la base et la règle du contrat à réaliser par les parties; qu'il a pris soin de déterminer lui-même les formes de ce contrat. Mais ces formes applicables aux ventes entre commerçants ne pourraient évidemment être adoptées pour les ventes à terme, de meubles de toute espèce entre particuliers. Que faire alors pour constater régulièrement le contrat entre les vendeurs et les acheteurs? Recourir au ministère des Notaires qui ont seuls capacité pour recevoir les conventions des parties. Ainsi la doctrine de l'aptitude exclusive des Notaires à procéder aux ventes à terme que *ruinait* le décret du 17 avril 1812, reçoit au contraire une nouvelle force et une plus vive lumière des dispositions mêmes de ce décret (1).

3° LÉGISLATION ET JURISPRUDENCE.

Dans son rapport, la commission a entrepris de prouver d'abord, d'après la législation et la jurisprudence anciennes, que, soit que les ventes de meubles fussent confiées à des officiers spéciaux, soit qu'on les rendît aux Notaires, Greffiers et Huissiers, pour les faire concurremment, toujours l'attribution était faite *sans distinguer les ventes à terme des ventes au comptant;* ensuite que les lois nouvelles n'ont apporté aucun changement à ces règles; enfin, que suivant la jurisprudence en vigueur, les ventes publiques de meubles *avec ou sans terme*, peuvent, hors du lieu de la résidence des Commissaires-Priseurs, être faites concurremment tant par ces Officiers que par les Notaires, Huissiers et Greffiers; qu'ainsi, lorsqu'on proposait comme le faisait le projet de loi du Gouvernement, de réserver privativement aux Notaires, les ventes à terme de meubles en général ou de certains meubles en particulier, on proposait une innovation à la législation et à la jurisprudence, tant anciennes que nouvelles.

L'erreur capitale de cette partie du Rapport de la Commission est la prétendue nécessité d'une disposition expresse dans les lois spéciales sur les ventes publiques de meubles, pour consacrer la distinction des ventes à terme et des ventes au comptant. Car, en admettant même (ce que nous sommes loin d'accorder) que cette distinction ne soit pas formellement écrite dans la législation sur les ventes de meubles, elle résulterait clairement des attributions conférées aux Notaires par la loi de leur institution, et des formes particulières prescrites pour les actes de vente de meubles aux enchères.

La loi du 25 ventose an XI, en instituant les Notaires *pour recevoir tous les actes et*

(1) Dans la séance de la Chambre des Députés du 12 décembre 1840, M. Hébert, rapporteur de la commission a demandé la reprise du projet de loi sur les ventes de meubles. M. Lebœuf a appuyé cette demande et invité la Chambre à fixer le jour de la discussion. M. le Garde-des-Sceaux a fait observer que le projet de loi n'ayant pas été présenté par lui, il avait besoin de quelque temps pour l'examiner. La Chambre a décidé, en conséquence, que le jour de la discussion serait ultérieurement fixé.

contrats auxquels les parties doivent ou veulent donner le caractère d'authenticité, attaché aux actes de l'autorité publique, n'a fait que reproduire et confirmer les dispositions de l'ancienne législation. Depuis les capitulaires de Charlemagne et les établissements de saint Louis jusqu'à cette loi, les Notaires ont été en possession exclusive du droit de *recevoir les actes de la juridiction volontaire et de donner à ces actes la force de l'autorité publique.* Sans rappeler ici les nombreux monuments historiques qui établissent cette vérité législative, nous nous bornons à renvoyer à l'exposé des motifs de la loi du 25 ventose an XI, où elle est présentée comme le fondement de la nouvelle législation sur le Notariat. C'est donc un point inconstestable, que de tous temps, à toutes les époques de la Monarchie, *la rédaction des* CONVENTIONS a appartenu exclusivement aux Notaires. Or, si, comme nous l'avons prouvé dans la seconde partie de cette dissertation, la stipulation du terme est une *véritable convention,* non seulement par elle-même, mais encore à cause des stipulations accessoires qu'elle entraîne dans la plupart des cas, il pouvait certainement paraître superflu d'insérer dans les lois spéciales sur les ventes de meubles une disposition qui réservât les ventes à terme aux Notaires auxquels elles appartiennent, d'après les lois de leur institution.

Et, en effet, le premier projet de loi présenté par le Gouvernement à la Chambre des Pairs le 10 décembre 1832, n'exprimait aucune réserve en faveur des Notaires pour les ventes à terme. Cette réserve fut l'objet de l'amendement proposé par la Chambre des Pairs ; et pour qu'il fût bien manifeste que cette disposition, loin d'être une innovation, était réellement la consécration d'une règle existante, qu'elle avait simplement pour but de prévenir les constestations, l'amendement portait « les ventes à terme *demeurant* réservées aux Notaires. »

En adhérant à cet amendement, M. le Garde-des-Sceaux disait : « C'est *un principe reconnu* que les Commissaires-Priseurs ne peuvent faire que les *ventes au comptant.* Les Notaires seuls ont le droit de rédiger les conventions ; et *toute vente à terme étant une véritable convention,* elle ne peut être faite que par ces Officiers publics. » — Ainsi, dans l'opinion du Gouvernement comme dans celle de la Chambre des Pairs, qui adopta l'amendement de sa commission, l'attribution exclusive aux Notaires des ventes à terme étant un *principe reconnu.*

La même pensée, la même conviction se trouvait exprimée dans les rapports des deux premières commissions de la Chambre des Députés sur cette loi, M. Renouard, premier rapporteur, disait, le 3 avril 1833 : « Le second paragraphe du projet de loi (celui qui réservait aux Notaires les ventes à terme) *ne modifie en rien la législation existante.* Il la rend plus explicite et plus claire, *et quand bien même on supprimerait cette disposition, le droit des Notaires demeurerait entier.* » M. Boudet, rapporteur de la seconde commission, s'exprimait, le 24 décembre 1834, en ces termes : « Il est *par trop évident* que la condition essentielle de l'institution des Commissaires-Priseurs *est de vendre au comptant.* Les lois nouvelles ne l'ont pas dit textuellement, *parce qu'elles n'avaient pas besoin de le dire.* En attribuant aux Commissaires-Priseurs les ventes publiques aux enchères des effets mobiliers, le décret du 27 ventose an IX n'a entendu parler que des ventes telles qu'elles se sont toujours faites, c'est-à-dire *avec la livraison immédiate de la chose vendue contre le paiement comptant du prix.* »

Certes, lorsqu'après ces déclarations solennelles du Gouvernement, de la Chambre des Pairs et de deux commissions de la Chambre des Députés, attestant le droit antérieur, permanent des Notaires de procéder exclusivement aux ventes à terme, on vient dire que proposer de réserver ces ventes aux Notaires, *c'est proposer une innovation,* il est permis de considérer cette assertion pour le moins comme paradoxale.

Des formes particulières pour la rédaction des procès-verbaux de ventes publiques de meubles ont été déterminées par la loi du *22 pluviose an VII.* Ces formes sont évidemment exclusives de toute stipulation de terme, comme de toute espèce de convention. Selon l'art. 5 : « Chaque objet adjugé est porté de suite au procès-verbal ; le prix y est indiqué en toutes lettres puis hors ligne en chiffres.—Chaque séance est close et *signée par l'Officier public et deux témoins domiciliés.* » Ainsi, non seulement le procès-verbal de vente n'est point signé par les adjudicataires, mais la loi n'exige même pas que leur nom y soit indiqué. Or, si le législateur eût entendu que la vente pourrait être faite à terme, il aurait nécessairement prescrit de faire constater l'obligation des acheteurs par leur signature au bas du procès-verbal ou même à la suite de chaque adjudication. L'article 7 prononce une amende de 100 fr. *pour chaque article adjugé et non porté au procès-verbal de vente;* et cette défense de la loi ne peut évidemment s'appliquer qu'à la vente au comptant. On peut en dire autant du mode particulier prescrit pour la liquidation du droit d'enregistrement : Suivant l'article 6, ce droit se perçoit *sur le montant des sommes que contient cumulativement le procès-verbal de vente;* c'est-à-dire qu'on a considéré l'ensemble des adjudications comme ne formant qu'une seule et même disposition ; tandis que si la vente pouvait être faite à terme, on aurait dû voir dans chaque adjudication une disposition distincte et indépendante, passible d'un droit particulier d'enregistrement, puisqu'elle impliquerait une obligation de la part de chaque adjudicataire.

Personne ne conteste que les Commissaires-Priseurs, Huissiers et Greffiers ne peuvent procéder aux ventes publiques de meubles que selon les formes déterminées par la loi du *22 pluviose an VII ;* il n'en existe pas légalement d'autres pour eux. Or, si, comme nous venons de le voir, ces formes sont exclusives de la stipulation de terme, il faut bien reconnaître que le législateur a voulu limiter le droit de ces Officiers publics aux ventes au comptant. « Leur procès-verbal, disait à la Cour de Cassation M. le Procureur-Général Mourre, se compose uniquement de l'énonciation des choses vendues et le prix pour lequel elles sont adjugées, *c'est un tableau matériel qui n'est susceptible d'aucune convention.* » Et la vente à terme étant *une véritable convention*, elle ne peut être faite que suivant les formes prescrites pour les conventions, c'est-à-dire par un acte notarié, revêtu des signatures du vendeur et des acheteurs.

Il est vrai que les formes prescrites par la loi du 22 pluviose an VII ne comportent point la stipulation de terme, que le législateur a été obligé d'y déroger, lorsqu'il a chargé d'autres Officiers publics que les Notaires, de procéder à des ventes de meubles d'une espèce particulière, pour lesquelles cette stipulation pouvait être nécessaire. C'est l'observation que nous avons faite au sujet du décret du 17 avril 1812 concernant les ventes publiques de marchandises neuves faites par les Courtiers de Commerce. On a vu, en effet (1), qu'après les adjudications faites par le ministère de ces Officiers, le décret faisait intervenir les parties elles-mêmes pour réaliser le contrat, dont le procès-verbal des enchères était la base. L'avis du Conseil d'Etat du 21 octobre 1809, relatif aux décharges de prix de ventes mobilières, fournit une autre preuve du même genre ; l'article 2 porte : « Que les décharges doivent être rédigées en forme authentique, c'est-à-dire que l'Officier public attestera que la partie est comparue devant lui pour régler le reliquat de la vente dont elle lui donnera décharge et que *cet acte sera signé tant par l'Officier que par la partie, et si la partie ne sait pas signer, par un second Officier de la même qualité ou par deux témoins.* » De cette disposition, on tire la conséquence que le pouvoir des Commissaires-Priseurs, Huissiers et Greffiers n'a point été limité à *celui de certifier le fait actuel de la vente ;* au contraire, que lorsqu'on a jugé nécessaire de faire constater par ces Officiers autre chose qu'un fait passé sous leurs yeux, non pas même une convention, mais une simple quittance ou décharge, on les a assujétis à d'autres formes que celles qui sont déterminées par la loi du 22 pluviose an VII pour la vente de meubles, et qu'on les a autorisés expressément à recevoir la signature des parties. Or, si dans la pensée qui a dicté cette loi, les ventes à terme n'étaient point interdites aux Commissaires-Priseurs et Huissiers, elle aurait également exigé la signature des adjudicataires pour constater leur obligation de payer le prix à l'époque fixée. Les formes qu'elle a prescrites pour la rédaction du procès-verbal de vente, et dont les Commissaires-Priseurs et Huissiers ne peuvent s'écarter, sont donc elles-mêmes la preuve certaine qu'ils ne peuvent vendre qu'au comptant, et la consécration en quelque sorte matérielle de la distinction donnée par la Commission de la Chambre des Députés, des ventes au comptant et des ventes à terme.

Actuellement est-il vrai que cette distinction, qu'on *qualifie de nouvelle origine,* ne se trouve expressément écrite dans aucune des lois qui régissent les ventes de meubles ?

(1) Art. 10,835. J. N., p. 350 et 354.

C'est ce que nous allons vérifier en passant en revue les actes législatifs et judiciaires relatifs à cette question.

ÉDIT DU MOIS DE FÉVRIER 1556.

C'est l'édit de création des offices de *Priseurs-Vendeurs de meubles.* Il porte textuellement : « Et seront lesdits Priseurs-Vendeurs, tenus de recevoir les deniers desdites ventes, *pour incontinent,* ou *trois jours après au plus tard,* les délivrer aux poursuivants lesdites ventes, ou autres qu'il appartiendra, à quoi faire ici seront *tenus et contraignables par corps, lesdits trois jours passés,* etc. » Il est difficile de prescrire en termes plus formels l'obligation de ne vendre qu'au comptant.

Dans le rapport fait à la Chambre des Pairs, le 12 mars 1835, M. Tripier avait déjà répondu à cette objection en ces termes :

« On a imprimé que ces obligations (celles de vendre au comptant) ne sont relatives qu'aux ventes forcées. La lecture entière et réfléchie de l'édit fait reconnaître facilement que les conditions qu'il impose sont *générales et embrassent toutes les ventes confiées à ces nouveaux Officiers.* »

Nous compléterons cette réponse en insérant l'édit tout entier :

ÉDIT DE CRÉATION DES OFFICES DE PRISEURS-VENDEURS DE MEUBLES DANS CHAQUE VILLE ET CHAQUE BOURG DU ROYAUME.

Février 1556 (1).

HENRY, etc.; comme pour le bien et proffit de toutes personnes, l'on est accoustumé à faire description et inventaire de tous biens meubles tiltres et enseignements, délaissez par le décez et trespaz des décedez à la conservation du droict à qui il appartient, et de la valeur d'iceux meubles et autres prins par exécution, délaissez par aubeine, confiscation ou autrement en quelque manière que ce soit, faire estimation ou prisée.

Pour ce faire, diviser, lottiser et partager lesdits biens meubles entre les cohéritiers ou ayant droict, le plus commodément et également que faire se peut, si à ce lesdits cohéritiers ou parties s'accordent : sinon le cas requérant, les vendre au plus offrant et dernier enchérisseur ès places et lieux publiques, ès jour de marché, et à ce accoutumez : pour les deniers provenant desdites ventes, estre mis, baillez et délivrez où il convient et est ordonnez.

Pour lesquelles prises, ventes et partages faire, les tuteurs et curateurs des mineurs,

<hr>

(1) Vol. U, F° 230. — Fontanon, I, 503. — Joly, I, 1064.

commissaires, dépositaires et autres chargez par justice, ayans intelligence, faveur et amitié avec les priseurs qui se sont entremis cy devant et entremettent journellement faire lesdites prisées desdits biens, étant prins, choisis et autrement pratiquez par lesdits tuteurs, gardiens et dépositaires, ont souvent esté faites et font lesdites prisées et ventes à leurs intentions et volonté : afin que n'estans lesdits meubles vendus par les dessosdits tuteurs, commissaires et dépositaires, ils fussent et soient quittes envers les propriétaires desdits biens pour ladite prisée et estimation qui en aurait esté faite à vil prix, et maintes fois que la moitié du juste prix d'iceux. Comme aussi aux ventes desdits meubles se sont commis plusieurs fraudes et abus, pour avoir esté et estres faites ès lieux, jours et heures indeuës.

Et lesdits biens souvent délivrez souz nom supposez, à ceux qui en faisaient les ventes, leurs femmes, enfants, serviteurs ou autres par eux attiltrez, sans enchérir, ou à simple enchère : pour puis après les revendre en leurs boutiques et estats ordinaires de frippiers et regratiers, à plus haut prix la moitié qu'ils ne les ont achetez, et outre le prix et salaire excessif que prenoient ceux qui faisaient et font lesdites prisées et ventes desdits meubles, comme de dix à douze derniers par livre, et autres dons et présents qu'ils tirent et exigent de ceux en faveur desquels ils font ladite prisée, estimation et vente; mesmement de particuliers acheteurs delayans lesdites prisées et ventes, à fin que, eu esgard au temps ils prennent plus grand salaire.

Et davantage, mes sergens à cheval prenans charges de nos receveurs, pour le recouvrement de nos amendes, aides, tailles et autres nos deniers et affaires, semblablement pour autres particuliers nos sujets ayans fait exécution, vente de meubles, en un lieu, ont par cy-devant retenu et retiennent les deniers longuement entre leurs mains, pour les autres voyages et diverses exécutions qu'ils entreprennent en divers contrées et pays, qui est venu au grand intérest et retardement de nos deniers, et de nos subjets faisant grand séjour aux dépens des parties.

Pour lesquelles occasions et obviez aux autres grans abus et fautes, qui en ce se sont descouvertes en plusieurs villes et endroicts de notre royaume, nos prédécesseurs roys et nous avons en aucuns d'iceux lieux créé et érigé en chef et tiltre d'office formez et perpétuez, certains maistres priseurs, vendeurs desdits meubles, pour privativement à tous autres faire les prisées, estimations et ventes, partages et lots de biens meubles qui seraient requises et nécessaires, pour faire cesser esdits lieux, les fraudes, intelligences et pratiques, abus et autres malversations, qui se faisoient et sont souvent faites esdites prisées et ventes de meubles et partages d'iceux, lesquels se commettent et peuvent aisément commettre et continuer ès autres villes de nostre dit royaume : à quoy est très-grand besoing et requis y pourvoir : et pour le soulagement de nous et de nos sujets, donner ordre et forme ausdites prisées et ventes desdits meubles, qui se ferons cy-après.

— 45 —

Sçavoir faisons, que nous considérans le grand bien que par l'érection desdites offices de priseurs, vendeurs de biens meubles, est advenu ès villes et lieux, où ils ont esté establis, et pour les mêmes causes qui nous ont meu, et nos prodécesseurs roys, faire création et érection d'office desdits-priseurs, vendeurs, et obvier aux fraudes et abus des susdits, qui chacun jour se commettent aux prisées et ventes desdits meubles tánt à nostre préjudice, retardement de nos deniers, qu'au grand dommage et intérest de nos subjets.

Avons, par l'advis des princes de notre sang et gens de nostre privé conseil, dit, statué et ordonné, disons statuons et ordonnons.

(1) Qu'en toutes et chacunes les villes, bourgs et bourgades de nostre royaume, ayans siége et jurisdiction royal, et autres que besoin sera, auxquelles n'ont encore esté créez et establis en tiltre d'office formé, aucuns priseurs, vendeurs de biens meubles : ou si establis y ont esté, ne sont en nombre suffisant, seront par nous establis priseurs, vendeurs de biens meubles, lesquelles à ceste fin nous avons créez et érigez, et par ces présentes créons et érigeons en chef et tiltre d'office formé et perpétuel, pour y estre ceste première fois et d'oresnavant quand vacation y escherra, en nos villes par nous et nos prédécesseurs roys pourveu en tiltre d'office, et en tel nombre que requis et besoin sera, personnes suffisans, capables, expérimentez, et en telles choses cognoissant, qui de ce feront le serment pardevant nos juges ordinaires des lieux, nostre procureur à ce appellé ; lesquels au dedans du ressort de la justice et jurisdiction des villes et lieux où ils seront pourveuz et establis, et qui par leurs lettres de provision et establissement leur seront limitez et ordonnez, feront privativement à tous autres, toutes et chacunes les prisées et estimations de tous biens meubles, délaissez par le décez et trespas de toutes personnes, ou prins par exécution, baillez en garde, ou autrement, qui seront ordonnez par justice, ou par consentement et accord des parties, ou autrement requises estre faite en quelque manière que ce soit.

Et semblablement feront ventes publiques desdits meubles, soit qu'elles se facent d'accord et volontés des parties, ou par ordonnance et exécution de justice, à l'enquant et plus offrant, pour nos deniers : ou à la requête et instance des particuliers, ou autrement de quelque nature ou espèce que soyent lesdits meubles, sinon que ce fussent meubles de haut prix. C'est à sçavoir vaisselle d'or, d'argent, bagues, pierreries et joyaux précieux, desquels les prisées et estimations se feront par un ou deux orfèvres jurez, qui à ce seront choisis par les parties, en la manière accoustumée, et par provision, jusqu'à ce que par nous autrement y ait esté pourveu et ordonné, sans qu'il soit doresnavant permis ne loisible à frippier, ny à nos huissiers, sergens, ou aucunes autres personnes eux s'ingérer ne s'entremettre de plus faire lesdites estimations, prisées et ventes, ne à nos receveurs, procureurs ne officiers, ne semblablement aux particuliers les faire faire par autres que lesdits priseurs, vendeurs aux villes et lieux où seront par ci-après par nous establis : sinon que lesdits sergens fussent requis et priez par lesdites parties assister seulement esdites ventes qui se feront par lesdits priseurs, vendeurs, sur peine de nullité desdites prisées, estimations et ventes desdits meubles, despens, dommages et intérests des parties intéressées, pour le regard de ceux qui les auront faites, comme lesdites prisées, ventes et estimations se seront trouvées monter : nonobstant quelconques usages, possessions, jouissance et entreprises de ce faites, lesquelles nous avons abolies et abolissons par ces présentes.

(2) Et à ce que pour l'absence desdits priseurs, vendeurs, les prisées estimations et ventes ne soyent aucunement retardées : voulons et ordonnons que lesdits priseurs, vendeurs facent actuelles et continuelles résidences aux lieux où ils seront, par leurs lettres de provision, ordonnez et establis, sans qu'ils puissent faire n'entreprendre aucunes ventes, prisées ou estimations, hors les limites et ressort où ils auront été establis : ne semblablement eux mesler de l'estat de frippiers, regratiers, ne revendeurs, soy par eux, leurs femmes ou autres personnes interposées, directement ou indirectement, en quelque manière que ce soit : ne semblablement acheter : ou faire acheter pour eux, aucuns des meubles, dont ils feront la vente, sur peine de privation de leurs offices, et d'amende arbitraire envers nous, et mesmement de punition corporelle à discrétion de justice.

(3) Et seront tenus et subjets les nostaires ou greffiers qui feront lesdits inventaires desdits biens meubles, faire article séparé et à part de chacune espèce de meubles, et semblablement les priseurs, vendeurs, en faire la prisée et estimation séparément et à part, quand la pièce excédera la valeur de trente sols tournois. Et aussi arrester à la fin dudit inventaire, la somme totale, à laquelle montera ladite prisée, qui sera signée par ledit priseur, vendeur, avec lesdits notaires ou greffier, afin que s'il plaist aux parties, ou propriétaires d'iceux meubles, lesdits vendeurs, priseurs soyent tenus et subjets prendre iceux meubles particulièrement pour l'excessive prisée qu'ils en auroyent faite, sous prétexte de plus grand salaire, ou voulans gratifier à l'une ou l'autre des parties : après toutes fois qu'iceux meubles auront esté exposez publiquement en vente et qu'ils n'auroyent esté vendus, ains demeurez pour ladite prisée.

(4) Et quant aux prisées et estimations, qui seront faites après l'inventaire *et semblablement pour le fait des ventes desdits meubles.*

Voulons et ordonnons que d'icelles prisées semblablement desdites ventes, lesdits vendeurs, priseurs, facent bon et fidèle registre qu'ils garderont par devers eux pour y avoir recours quand besoin sera, et délivrer actes, copies et extraits aux parties qui les requerront auxquels voulons foy estre adjouytée, comme aux registres et actes publiques, sans que, pour les premiers extraits, actes ou copies qu'ils en délivreront aux parties poursuyvantes, ils pussent prendre aucuns dons, présens, n'autres choses que le salaire qui leur sera par nous ordonné, comme dit est, pour lesdites prisées, estimations et ventes, sinon qu'il fust question lever lesdits actes, copies ou extraits, pour la deuxième, tierce ou réitérée fois, auxquels cas lesdits priseurs, vendeurs, pourront prendre pour lesdits extraits, ou copies, à la raison de douze deniers tournois, pour chacun roolle raisonnablement escrit.

(5) Voulons et ordonnons que lesdits huissiers, sergens ou autres officiers de justice qui auront prins ou saisi aucuns meubles, par exécution, exploit de justice ou autrement, pour estre vendus à l'enquant et publiquement, soit à la requeste des créanciers particuliers, ou pour nos deniers et affaires, ayent incontinent et avant que de partir de la ville ou lieu, auquel ils auront prins et saisi meubles, apporter les inventaires qu'ils auront faits d'iceux meubles, deuëment signez d'eux, pardevers lesdits priseurs, vendeurs, lesquels nous voulons de ce estre chargez comme dépositaires de justice, pour estre premiérement prisez et estimez, si la partie le requiert et non autrement, et par après estre vendus à l'enquant et plus offrant, par lesdits priseurs, vendeurs, et non autres ; et lesdites ventes estre faites publiquement à jours et heure de marché, ès lieu et places publiques à ce accoutumez.

(6) Esquelles ventes et délivrance lesdits sergens, qui auront fait lesdites exécutions, ou autres qu'il plaira auxdites parties exécutées, pourront assister et estre présens, comme dessus, lesquelles ventes se feront par lesdits priseurs, vendeurs, depuis neuf heures du matin jusques à douze, et de relevée depuis une heure jusques à quatre, sinon que lesdites ventes fussent volontaires et que les parties s'accordassent d'autres lieux, places, heures et jours, et seront lesdits priseurs vendeurs tenus *de livrer sur le champ sans retardement ne participation*, au dernier enchérisseur, les meubles par luy encheris et mis à prix, en prenant toutes fois par eux le nom et surnom dudit dernier enchérisseur, *avec mention expresse des espèces et payement qui leur seront faits*, fors et excepté des bagues, joyaux précieux, vaisselle d'or, ou autre meuble d'argent, que nous voulons estre esposez en vente publiquement par trois divers jours de marché, sinon que les parties ou l'exécuté en fussent autrement d'accord, et sans prendre dudit enchérisseur ou enchérisseurs, directement ou indirectement, aucun don, salaire ou profit pour ladite délivrance, n'autre chose que le prix de la dernière enchère, et ce sur peine de privation de leurs offices, sinon que le propriétaire si présent y estait, ou procureur pour luy, requist la délivrance dudit meuble ou meubles enchéris, estre différée jusques au prochain jour : auquel cas ladite délivrance surserra jusques au jour, auquel sans remises et autres itératives proclamations, se fera la délivrance, et au cas qu'il y eust dilatation faite à la requeste dudit propriétaire, de ladite délivrance d'iceux meubles ja criez, iceluy propriétaire sera tenu bailler bonne et suffisante caution, et soy constituer achepteur de biens de justice, pour satisfaire au surplus de la plus dernière enchère, s'il advenait qu'au jour que ledit meuble sera remis pour estre vendu et délivré, iceluy meuble n'estait tant vendu comme au jour ou jours précédens desdites enchères premières.

Et seront lesdits priseurs vendeurs tenus recevoir les deniers desdites ventes, *pour in-*
continent, ou trois jours après plus tard, les délivrer aux poursuivans lesdites ventes, ou
autres qu'il appartiendra, à quoy faire, ils seront tenus et contraignables par corps, lesdits trois jours passez, comme dépositaires de justice : sinon que les sergens à cheval ou
autres poursuivant lesdites ventes, ou les parties eussent commis autres personnes pour
recevoir lesdits deniers, ou que le sergent qui aurait fait ladite exécution ou saisie desdits meubles, ne retournast dedans la huitaine après lesdites ventes : auquel cas à ce
que pour les longs voyages, diverses charges et commissions que nosdits sergens à
cheval entreprennent, nos deniers ne soient retardez, nous voulons lesdits deniers desdites ventes, quand elles seront faites pour nos amendes, debtes ou affaires, estre
envoyez par lesdits vendeurs, aux despens desdits deniers, par devers celuy de nos receveurs qui aura fait faire lesdites exécutions et ventes par les messagers ordinaires des
lieux s'il y en a, ou sinon par gens exprès, et le semblable estre fait par lesdits particuliers, quand ils le requerront.

Le salaire des prisées et estimations et ventes, selon qu'il sera cy-après pourveus
desdits estats et offices, et que les lieux et villes esquelles seront instituez et establis
lesdits priseurs vendeurs le requerront, et sera raisonnable : qui sera de quatre deniers
tournois pour livre de la prisée, et de semblable somme pour la vente d'iceux biens,
meubles : aux charges tootesfois contenuës et déclarées par ces présentes, ledit salaire
préalablement pris et rabatu par lesdits priseurs vendeurs, sur les deniers provenans
desdites prisées et ventes.

(7) Voulons en outre et ordonnons que où il sera besoin prendre et choisir arbitres
pour faire lots et partages de biens, meubles, entre cohéritiers, achepteur ou autres,
lesdits priseurs vendeurs y seront appellez avant tous autres, sur peine de nullité desdits
partages, sinon que les parties usans de leurs droits, eussent contr'eux convenu d'aucun
de leurs parents ou amis, non estans toutesfois dudit mestier de frippier, regrattier ne
revendeur pour accorder lesdits partages et lots, lesdites prisées et estimations préalablement faites par lesdits priseurs vendeurs et pour ce qu'il pourrait advenir qu'en grandes
et opulents successions, ou ès maisons des marchands trafiquans de grosses marchandises
il sera besoin et nécessaire faire prisée et estimation desdits biens, meubles ou marchan-
dise ainsi délaissées, et lesdits priseurs vendeurs n'eussent la pleine et entière cognois-
sance d'icelles marchandises et meubles : pour ces causes, avons ordonné et ordonnons
que lesdits priseurs vendeurs qui seront appelez pour faire la prisée et estimation desdites
marchandises, seront tenus d'appeler avec eux pour faire ladite prisée, un ou deux no-
tables marchands trafiquans semblables marchandises, et cognoissans lesdits meubles et
marchandises : lesquels après serment par eux fait, priseront en leurs consciences lesdites
marchandises et meubles : le prix desquels ils seront tenus signer aux charges et con-

ditions cy dessus déclarées. Et lesquels marchands seront tenus iceux priseurs vendeurs contenter et salarier à leur despens, à raison de vingt sols parisis pour jour : sans qu'iceux priseurs vendeurs en puissent prétendre aucun droict que celuy que leur avons cy dessus ordonné.

Si donnons, etc.

L'édit de 1556 ne s'applique donc pas aux ventes forcées et judiciaires, mais à toutes les ventes en général. On peut invoquer deux autres édits du mois de mars 1576 et du 16 octobre 1696. Le dernier de ces édits créait des offices de Jurés-Priseurs, vendeurs, à la place des autres offices qui n'avaient point pu être vendus. En voici un fragment :

« Louis, etc. La prisée et vente des biens meubles *délaissés par les défunts et de ceux saisis par autorité de justice,* étant une fonction importante, le roi Henri II créa, par son édit du mois de février 1556, des offices de Priseurs-Vendeurs desdits meubles. »

Mais dans quelle partie de l'édit de 1696 se trouvent ces expressions? Dans le préambule, et voici ce que porte l'article 3 :

« Et du même pouvoir nous avons créé et érigé, créons et érigeons en titre d'offices formés et héréditaires des offices de Jurés-Priseurs, vendeurs de biens meubles... lesquels feront seuls, à l'exclusion de tous autres, la prisée, exposition et vente de tous biens meubles, soit qu'elles soient faites volontairement après les inventaires ou par autorité de justice, en quelque sorte et manière que ce puisse être et sans aucune exception. »

Quant à l'édit intermédiaire du mois de mars 1576, il réunissait les offices des Priseurs-Vendeurs à ceux des Huissiers et Sergents; et de ce que ces derniers étaient chargés de l'exécution des mandements de justice, il ne faut pas conclure qu'il s'agissait seulement de ventes judiciaires. Cette conséquence ne serait point exacte.

L'édit de 1576 n'avait d'autre objet que de rendre aux Sergents ordinaires une attribution dont ils avaient été précédemment en possession. La réunion des offices de Priseurs-Vendeurs à ceux des Sergents n'était nullement motivée sur une prétendue analogie entre les ventes à l'encan et l'exécution des mandements de justice. Ce qui le prouve, d'ailleurs, c'est qu'un autre édit du mois d'avril 1595, qui assimilait les Huissiers à cheval aux Huissiers à verge, pour l'office de Sergent Priseur-Vendeur, portait : « Que tous lesdits Huissiers ou Sergents pourraient faire dornavant tous exploits appartenant à l'office de Priseur-Vendeur desdits biens meubles, *tant provenant des successions, exécutions, qu'autrement.* » Ces mêmes expressions « *tant provenant des successions, exécutions, qu'autrement,* » se retrouvent dans un édit du mois de juillet 1575, qui

7

réunit les offices de Sergents à verge au Châtelet de Paris à ceux de Priseurs-Vendeurs de meubles.

Ainsi, deux choses sont certaines : que l'édit du mois *de février 1556* embrassait *toutes les ventes de meubles, soit volontaires, soit judiciaires,* et qu'il imposait aux Officiers-Vendeurs l'obligation expresse de délivrer les deniers des ventes aux parties, *incontinent ou trois jours après au plus tard ;* ce qui, suivant l'observation de M. Tripier, caractérise certainement *la vente au comptant.* Or, il ne faut pas perdre de vue que cet édit de 1556 était la loi fondamentale qui formait le droit commun en matière de ventes. Les édits postérieurs n'ont fait que créer de nouveaux offices en remplacement de ceux qui avaient été précédemment établis, afin de les vendre au profit de l'État, suivant les habitudes financières de l'époque ; certains de ces édits ajoutaient seulement quelques dispositions réglementaires à celles de l'édit de 1556, qui ne cessaient point d'être en vigueur.

ÉDIT DU MOIS DE FÉVRIER 1771.

Henri II avait créé, par l'édit de février 1556, des offices de Priseurs-Vendeurs de meubles ; Louis XIV avait substitué à ces offices, par l'édit du 16 octobre 1696, ceux de Jurés-Priseurs-Vendeurs ; par l'édit du même mois de février 1771, Louis XV supprima ces derniers offices, sous le motif qu'ils *avaient été levés pour une finance si modique qu'elle n'était pas suffisante pour répondre des deniers provenant des ventes dont ceux qui les exerçaient étaient dépositaires,* et en recréa de nouveaux sous le même titre, *avec une finance plus proportionnée.*

L'édit ajoute immédiatement ces mots remarquables : « *Et avec les mêmes attributions portées par l'édit d'octobre 1696.* Or, cet édit de 1696 avait simplement créé les offices de Jurés-Priseurs-Vendeurs, à la place des offices de Priseurs-Vendeurs établis par l'édit de février 1556, et qui n'avaient pu être vendus. Ainsi, les Officiers créés par l'édit de 1771 avaient les mêmes attributions que ceux qui avaient été institués par l'édit d'octobre 1696, lesquels avaient eux-mêmes succédé aux attributions des Officiers créés par l'édit de février 1556. De là, cette double conséquence : Que l'édit de 1556, de même que l'édit de 1696, de même que celui de 1771, s'appliquait à toutes les ventes publiques de meubles, volontaires et forcées ; car, l'édit de 1771 comprend les uns et les autres, et les Officiers établis par cet édit de 1771 étaient, comme ceux créés par l'édit de 1696, comme ceux institués par l'édit de 1556, soumis à l'obligation imposée par ce dernier édit de délivrer les deniers de ventes aux parties, *incontinent ou trois jours après au plus tard ;* c'est-à-dire de vendre au comptant.

L'article 5 de l'édit de février 1771 confère aux Jurés-Priseurs-Vendeurs le droit « de faire seuls, et à l'exclusion de tous autres, les prisées, expositions et ventes de tous biens meubles, soit qu'elles soient faites volontairement après les inventaires, ou par autorité de justice, *en quelque sorte et manière que ce puisse être, et sans aucune exception.* » L'article 9 défend « à tous Notaires, Greffiers, Huissiers et Sergents royaux, de s'immiscer à l'avenir de faire lesdites prisées, expositions et ventes de biens meubles, *en quelque manière que ce soit.* »

Ces termes de l'article 5 : *Sans aucune exception, en quelque manière que ce soit,* sont immédiatement suivis de ceux-ci : *Et recevront les deniers desdites ventes,* ce qui implique le paiement comptant du prix. A la place qu'elles occupent, les expressions indiquent seulement que le droit des Jurés-Priseurs-Vendeurs embrassait les ventes de meubles de toute espèce, soit volontaires, soit judiciaires. On les retrouve d'ailleurs textuellement et dans l'édit d'octobre 1696, et même dans celui de février 1556, ainsi que l'attestent les dispositions ci-dessus citées. Enfin, si l'édit de février 1771 ne reproduit pas l'obligation prescrite par celui de 1556 de délivrer aux parties le produit des ventes, *incontinent ou trois jours après au plus tard*, il ne répète pas non plus les autres conditions imposées par cet édit aux Priseurs-Vendeurs, telles que celle de résider au lieu de leur établissement ; de n'exercer directement ni indirectement le métier de fripier ou de revendeur ; de ne pouvoir acheter ou faire acheter pour eux les objets dont ils feraient la vente ; de tenir fidèle registre des prisées et ventes, etc. A l'égard de ces dispositions, qui de tout temps ont régi l'institution des Officiers-Vendeurs de meubles, le silence de l'édit de février 1771 s'explique facilement, de même qu'en ce qui concerne l'obligation de délivrer incontinent les deniers des ventes, par la circonstance déjà remarquée que l'objet de cet édit était seulement de créer de nouveaux offices en remplacement de ceux qui avaient été établis par les édits de 1696 et de 1556, et avec les mêmes attributions. Il était évidemment inutile, à chaque nouvelle création d'Officiers vendeurs de meubles, de reproduire toutes les dispositions de l'édit de 1556, qui était la loi fondamentale de cette institution. »

Mais, dira-t-on, la distinction de ventes à terme et de celles au comptant, ne se trouve ni dans les lettres patentes du 7 juillet 1771, qui rendirent aux Notaires, Greffiers et Huissiers le droit de faire les ventes de meubles ; ni dans l'arrêt du Conseil du 21 août 1775, qui donna une nouvelle sanction à cette attribution ; ni dans un autre arrêt du Conseil du 15 novembre 1778, qui défendait de nouveau aux propriétaires de faire personnellement la vente des biens meubles, et leur commandait de recourir au ministère des Notaires, Greffiers et Huissiers ; ni dans les lettres patentes de 1780 et 1782, qui réinstituèrent les Jurés-Priseurs ; ni dans les lois des 20 juillet 1790 et 17 septembre 1793, qui supprimèrent les Jurés-Priseurs et chargèrent les Notaires, Huissiers et Greffiers, de procéder aux ventes des meubles.

C'est là, nous demandons la liberté de le dire, abuser jusqu'à l'excès d'un mauvais argument : il semble que dans toute la législation ancienne, on n'ait cherché qu'un seule chose, savoir: la distinction des ventes à terme et de celles au comptant. Etait-il donc nécessaire que dans chacun de ces édits, lettres-patentes, arrêts du Conseil, portant successivement création, suspension, suppression, rétablissement d'offices de vendeurs de meubles, le gouvernement promulguât un code entier sur les ventes de meubles et sur les obligations des Officiers institués pour y procéder? Toutes les dispositions principales sur cette matière, y compris l'obligation de délivrer *incontinent* les deniers des ventes, se trouvaient dans l'édit de février 1556, qui n'avait jamais été abrogé et qui subsistait encore dans toute sa force à l'époque de la Révolution.

ACTE DE NOTORIÉTÉ DU CHATELET DE PARIS DU 25 MAI 1703.

Cet acte, qui résume les droits et les obligations des Jurés-Priseurs, exprime textuellement qu'ils doivent se faire payer le prix comptant sur-le-champ.

MM. les Commissaires-Priseurs font observer que ces derniers mots ne sont point dans l'acte de notoriété, et offrent pour preuve le texte de l'acte imprimé en caractères gothiques, et un ouvrage de Boucher d'Argis, sur les criées de meubles, imprimé en 1741.

M. Boudet répondait à ces allégations, le 24 décembre 1834 : « Les exemplaires dans lesquels la phrase citée ne se trouve pas, *n'ont pu résister à l'examen approfondi de la Commission.* Ces anciens imprimés, recueillis avec d'autres actes de la législation du temps, *sont remplis de fautes;* et outre la lacune favorable aux prétentions des Commissaires-Priseurs, quatre lignes importantes des dispositions finales y sont également omises; *ils ne méritent aucune confiance.* Tous les autres recueils qu'on a coutume de consulter, rétablissent le texte de cet acte de notoriété tel qu'il a toujours été admis dans la pratique.

M. Tripier, le 12 mars 1835, s'exprimait sur le même objet en ces termes : « L'esprit de leur institution (des Huissiers-Priseurs) était de les charger d'adjuger et de livrer de suite les meubles contre un paiement comptant. C'est dans ce sens que leur institution a été comprise par tous les auteurs qui ont examiné leurs attributions; tous déclarent qu'ils doivent se faire payer le prix comptant; qu'ils sont personnellement responsables du prix des choses qu'ils ont vendues et délivrées, et garants des crédits qu'ils font. C'est aussi ce qui est attesté par l'acte de notoriété *du 25 mai 1703 tel qu'il est rapporté par tous les recueils, qui sont en possession de la confiance des jurisconsultes et des magistrats.* »

Et, en effet, l'acte de notoriété de 1703 est rapporté *in-extenso*, avec la clause portant que les Huissiers-Priseurs doivent se faire payer le prix comptant sur-le-champ, dans les actes de notoriété de Denisart (édition de 1759 et 1760), par Brillon (V. Huissier-Priseur), par Ferrière (V. Huissier-Priseur).

Mais ce qui n'est pas douteux, c'est que cet acte de notoriété n'était relatif qu'aux attributions des Jurés-Priseurs, en matière de prisées et ventes de meubles par suite d'inventaires, c'est-à-dire qu'il s'applique à des ventes qui ne peuvent être faites qu'au comptant et qui n'ont rien de commun avec les ventes purement volontaires.

ARRÊT DU CONSEIL DU 5 OCTOBRE 1728.

Cet arrêt ne reconnaît pas formellement, comme on le pense, aux Huissiers, le droit de faire des adjudications à terme de toute espèce de meubles, et particulièrement de bois de haute-futaie.

L'arrêt du 5 octobre 1728 n'avait nullement pour objet de régler ou de reconnaître les attributions des Huissiers-Priseurs. Il s'agissait purement et simplement de la perception d'un droit de contrôle, c'est-à-dire d'une question fiscale.

On sait, en effet, que la formalité du contrôle (aujourd'hui l'enregistrement) avait été d'abord établie seulement pour les *exploits*. Plus tard, la même formalité fut appliquée aux actes sous-seings privés et aux actes notariés. Le contrôle des exploits était distinct de celui des actes ; les exploits étaient sujets au contrôle dans un délai déterminé ; les actes sous-seing privé pouvaient n'être contrôlés que lorsqu'on voulait en faire usage en justice. C'est ce qui existe encore aujourd'hui pour l'enregistrement.

Dans l'espèce de l'arrêt du Conseil du 5 octobre 1728, un Huissier-Priseur avait, en effet, procédé à une vente de bois de haute futaie avec stipulation de terme pour le paiement du prix. Lorsque le procès-verbal de vente fut présenté au contrôle des *exploits,* le commis de la ferme prétendit qu'il devait en même temps être soumis au contrôle des actes *sous-seing privé, parce qu'il contenait une obligation de la part de l'adjudicataire du prix des bois vendus.* Sur la requête du propriétaire des bois, qui avait résisté à cette prétention, l'arrêt décida que les procès-verbaux de ventes de meubles faits par les Huissiers et *portant obligation pour les adjudicataires pour le paiement des choses adjugées,* ne pourraient être assujétis au contrôle des actes *sous seing privé* que dans le cas où il s'agirait de les présenter au juge.

Cet arrêt établit, il est vrai, en fait et non en droit, qu'un Huissier-Priseur avait procédé à une vente à terme de bois de haute futaie. Mais il importe de remarquer qu'au procès-verbal de vente était intervenu l'adjudicataire qui avait *souscrit l'obligation de payer le prix au terme convenu.* Nous disons qu'il avait *souscrit cette obligation,* parce que d'abord, les expressions mêmes de l'arrêt le constatent ; et ensuite parce qu'il est certain, ainsi que l'atteste Bosquet, Dictionnaire des Domaines : *(V° Vente de meubles),* qu'on procédait de cette manière dans les cas semblables. Après chaque adjudication l'acheteur signait dans le procès-verbal, même l'obligation de payer le prix au terme fixé ;

et cette obligation, considérée comme un acte *sous seing privé*, indépendant du ministère de l'Officier vendeur de meubles, était assujétie au contrôle des actes *sous seing privé*, lorsque le vendeur voulait en poursuivre l'exécution contre l'adjudicataire. Ainsi, dans ce cas, le procès-verbal de vente avait un double caractère : acte d'Huissier ou exploit quant au fait de l'adjudication, et soumis immédiatement au contrôle des *exploits* ; acte *sous seing privé*, quant à l'obligation contractée par l'adjudicataire, et sujet au contrôle des actes *sous seing privé*, lorsqu'il devenait nécessaire de le produire en justice.

Mais ce mode de procéder, qui sous l'ancienne législation n'était peut-être déjà qu'un abus que le fisc, dans tous les cas, n'avait point mission de maintenir ou de réformer (et l'arrêt du 5 octobre 1828 était rendu en matière fiscale), ne pourrait évidemment s'allier, ainsi que nous l'avons démontré plus haut, avec les formes spéciales prescrites pour les ventes de meubles par la loi du 22 pluviose an VII, et exclusives de toute obligation souscrite par les adjudicataires dans le procès-verbal de vente.

Si les Huissiers invoquent l'arrêt du 5 octobre 1728, comme prouvant en fait que les Huissiers-Priseurs procédaient anciennement à des ventes à terme; nous répondrons que ce même arrêt constate que dans ce cas l'adjudicataire souscrivait l'obligation de payer au terme convenu, et que cette obligation, quoique contenue dans le procès-verbal de vente, avait seulement le caractère d'acte sous seing privé.

LOIS DES 27 VENTOSE AN IX ET 28 AVRIL 1816.

Ces lois qui ont rétabli les Commissaires-Priseurs ne distinguent pas non plus les ventes à terme des ventes au comptant.

Nous répéterons, au sujet des lois nouvelles, l'observation que nous avons faite à l'égard des édits du 16 octobre 1696 et du mois de février 1771. Celles-là, comme ceux-ci, n'ont fait que créer ou rétablir sous une dénomination nouvelle les Officiers vendeurs de meubles, institués pour la première fois par l'édit de février 1556. Cet édit est encore, après trois siècles, la seule loi générale en cette matière. Aux obligations diverses imposées par cet édit aux Officiers-Vendeurs, les édits postérieurs et les lois nouvelles elles-mêmes, ont seulement ajouté quelques dispositions réglementaires, notamment en ce qui concerne la bourse commune et la quotité des honoraires qui devait nécessairement changer avec le temps. Si les lois nouvelles n'ont pas reproduit la distinction des ventes à terme et des ventes au comptant, c'est, comme le disait M. Tripier, à la Chambre des Pairs, c'est « que les lois nouvelles n'ont pas dérogé aux anciennes ; qu'elles n'ont pas eu besoin de renouveler, par une disposition expresse, l'obligation exprimée dans la loi de création. » Elles n'ont pas renouvelé non plus toutes les autres obligations imposées avec celle de vendre au comptant par l'édit de 1556 et qui cependant sont reconnues pour être toujours en vigueur.

Parmi les lois nouvelles, il faut citer celle du 22 pluviose an VII. Or, nous avons prouvé ci-dessus que les formes spéciales prescrites par cette loi pour les ventes publiques de meubles, et auxquelles doivent strictement se conformer les Huissiers et Commissaires-Priseurs, sont exclusives de la vente à terme, et ne peuvent s'appliquer qu'à la vente au comptant.

ARRÊT DE LA COUR DE CASSATION DU 8 MARS 1837.

Les Commissaires-Priseurs, Huissiers et Greffiers invoqueront cet arrêt et prétendront prouver que la distinction des ventes à terme et des ventes au comptant est repoussée par la jurisprudence nouvelle. Mais, le croirait-on? Dans les débats qui s'agitent depuis vingt-cinq ans entre les Notaires, les Commissaires-Priseurs et les Huissiers, dans cette multitude d'arrêts auxquels ils ont donné lieu, nos adversaires n'ont vu qu'une seule affaire, n'ont recueilli qu'un seul arrêt, celui du 8 mars 1837. C'était l'unique décision de la Cour de Cassation qu'ils puissent invoquer en faveur de leur système.

Dans l'espèce de cet arrêt, il s'agissait d'une vente aux enchères de bois et de planches faite par un Notaire, suivant *acte authentique signé de tous les acquéreurs*, avec stipulation de *termes* pour le paiement du prix et faculté d'exiger *caution* des adjudicataires. C'est ce que constate le jugement du Tribunal de Pont-à-Mousson, annulé par la Cour de Nancy, dont l'arrêt a été, sur le pourvoi du Notaire, maintenu par la Cour de Cassation. Ainsi, suivant l'arrêt du 8 mars 1837, les ventes semblables devraient être faites exclusivement par les Commissaires-Priseurs dans la commune de leur résidence. Il s'ensuivrait que le propriétaire qui voudrait vendre à terme ne pourrait se procurer contre les adjudicataires un acte portant exécution parce, ou qu'il devrait, pour avoir un titre exécutoire, faire intervenir à la vente un Notaire concurremment avec le Commissaire-Priseur, et payer les honoraires de deux Officiers publics. Or, cette conséquence est évidemment contraire à l'esprit de la loi; car si, en accordant aux Commissaires-Priseurs un droit exclusif dans le lieu de leur résidence, le législateur a étendu ce droit aux ventes à terme, il a dû conférer à ces Officiers la capacité nécessaire pour procurer aux vendeurs, sans surcroît de charges, les garanties indiquées par la nature même de ces ventes; et s'il ne l'a pas fait, c'est qu'il a entendu que les propriétaires auraient la faculté de recourir pour les ventes à terme aux Notaires qui seuls pourraient leur fournir un titre exécutoire. Et cela est si vrai, que la Commission de la Chambre des Députés, en proposant la concurrence pour les ventes à terme, a été forcée de supprimer pour ces ventes le droit exclusif des Commissaires-Priseurs dans la commune de leur résidence.

La Cour de Cassation paraît avoir délibéré sous l'influence de cette idée, que la stipulation de terme n'avait été dans l'espèce qu'un moyen employé par le Notaire pour s'emparer d'une vente qu'il n'aurait pu faire sans cette condition. Cette même idée se trouve exprimée dans l'arrêt de la Cour de Nancy.

L'arrêt de la Cour de Cassation ne cite que les lois des 27 ventose an IX et 28 avril 1816; il ne paraît pas que la Cour soit remontée à la législation antérieure. Cependant, de l'aveu de tout le monde, cette législation n'a point cessé de régir l'institution des Commissaires-Priseurs, et même, dans l'exposé des motifs de la loi du 17 ventose an IX, M. Réal a présenté cette loi comme rétablissant les fonctions d'Huissiers-Priseurs telles qu'elles existaient anciennement. Or, la distinction des ventes à terme et des ventes au comptant est positivement écrite dans l'édit de création des Huissiers - Priseurs, du mois de février 1556.

Mais, sans s'arrêter à la gravité des objections que soulève l'arrêt du 8 mars 1837, il est certain qu'il n'a point fixé la jurisprudence. Moins de trois mois après, la Cour de Colmar a rendu, dans une espèce absolument semblable, le 27 mai 1837, un arrêt diamétralement contraire et fortement motivé (1). Dans un jugement du 21 mars 1838, analysé page   , le Tribunal de Schélestadt a réfuté avec développements la doctrine de l'arrêt du 8 mars 1837 (2). Il ne paraît pas que l'une ou l'autre de ces affaires ait été portée devant la Cour de Cassation.

Enfin, on devait d'autant moins s'attendre à la décision admise par l'arrêt du 8 mars 1837, que la Cour de Cassation, en attribuant exclusivement aux Notaires, par un arrêt du 26 mai 1836, la vente des fonds de commerce, s'était particulièrement fondée sur ce que ces ventes entraînent le plus souvent la nécessité de conventions accessoires, telles que stipulations de terme et délais, garanties personnelles, sûretés hypothécaires, toutes conventions dont les Commissaires-Priseurs ne sauraient être les Officiers instrumentaires. La Cour pensait alors que la stipulation de terme était une convention dont la rédaction en acte authentique et exécutoire appartenait exclusivement aux Notaires par la nature de leur institution (3), et, sans doute, cette stipulation ne change pas de caractère pour être insérée dans un acte de vente de meubles autres que les fonds de commerce.

Avant d'arriver à la discussion de la loi du 5 juin 1851, il nous reste à citer deux jugements rendus en faveur des Notaires, le 1er par le Tribunal de Domfront, 11 janv. 1854.

(4) D'après ce jugement, au contraire, les Huissiers ne peuvent, dans leurs procès-verbaux de vente, stipuler des termes pour le paiement, aussi bien lorsqu'il s'agit de

(1) Voir page   et J. N., art. 9,699.
(2) J. N., art. 10,082.
(3) Voir J. N., article 9,207.
(4) J. N., tom. 37, page 31.

ventes volontaires que lorsqu'il s'agit de ventes forcées, ils peuvent seulement, sous leur responsabilité. accorder des délais aux adjudicataires.

Et le second, par le Tribunal de Namur, *le 12 février 1854.* Ce dernier reconnaissait que les Notaires peuvent seuls, à l'exclusion notamment des Huissiers, insérer dans les procès-verbaux de ventes volontaires de meubles des stipulations de termes ou autres. *Loi du 5 juin 1851.* Nous avions pensé que la question des ventes de meubles à terme par des Commissaires-Priseurs, Huissiers, Greffiers, concurremment avec les Notaires, avait été résolue définitivement par la loi précitée.

Avant la promulgation de cette loi, les Commissaires-Priseurs et les Huissiers avaient complétement échoué dans leur prétention de procéder à des ventes à terme. Cette prétention avait été rejetée par une jurisprudence constante, notamment par le célèbre arrêt du 1er juin 1822 (1), rendu par la Cour de Cassation, chambres réunies, sous la présidence de M. le Garde-des-Sceaux, et toutes les fois que les Chambres législatives avaient eu à s'occuper de la question, elles avaient déclaré, de la manière la plus nette, que les Notaires seuls pouvaient procéder aux ventes à terme, que les Commissaires-Priseurs et autres ne pouvaient vendre qu'au comptant.

Cette loi qui, comme nous l'avons déjà remarqué, aurait dû faire cesser toute controverse, paraît, au contraire, avoir ranimé les prétentions rivales.

Elle porte « que les ventes publiques volontaires, *soit à terme,* soit au comptant, *des fruits et récoltes pendantes par racines et des coupes de bois taillis,* seront faites en concurrence et au choix des parties, par les Notaires, Commissaires-Priseurs, Huissiers et Greffiers de Justice de Paix, même dans le lieu de la résidence des Commissaires-Priseurs. »

Les Commissaires-Priseurs et Huissiers prétendent sans doute que cette disposition est seulement indicative, et que, puisqu'elle leur donne le droit de vendre à terme dans un cas, ils l'ont également dans tous les autres.

Cette argumentation repose sur une erreur manifeste.

Il suffit de rappeler les circonstances dans lesquelles est intervenue la loi de 1851 pour démontrer que cette loi est essentiellement exceptionnelle, que loin de pouvoir être étendue par analogie, son application doit, au contraire, être essentiellement restreinte à l'objet qu'elle prévoit.

Le projet de M. Hébert, repris par M. Sainte-Beuve, établissait la concurrence non-seulement pour les fruits et récoltes pendantes par racines, mais pour tous les objets adhérents au sol et destinés à en être détachés. Le législateur a retranché cette extension exagérée, il a restreint le droit de concurrence aux fruits et récoltes et aux bois taillis.

(1) Voir page 2.

7

Le projet de loi parlait des ventes en général; la loi ne parle que des ventes volontaires, et il a été déclaré à cette occasion que les ventes judiciaires restaient dans le droit commun.

Enfin, tous les orateurs entendus dans la discussion, les organes du Gouvernement, les membres de la Commission, les partisans de la loi, comme ses adversaires, se sont réunis pour déclarer que la loi nouvelle n'était pas une loi de principe, mais une loi d'exception, que l'on voulait seulement donner une facilité de plus aux propriétaires, qu'on ne changeait rien à la nature des fruits et récoltes telle qu'elle est déterminée par l'article 520, C. N., que l'on entendait encore moins toucher aux attributions respectives des différentes classes d'Officiers publics; que, sauf le cas spécial, les Commissaires-Priseurs, Huissiers et Greffiers resteraient ce qu'ils sont, les constatateurs seulement des faits accomplis devant eux, et que les Notaires étaient maintenus dans le droit exclusif de constater les conventions des parties.

Il n'y a donc rien de changé, à l'exception de ce qui concerne les ventes de fruits, récoltes et de taillis, aux attributions des Officiers publics, toutes autres ventes d'objets mobiliers lorsqu'elles ne sont point faites par des Notaires restent soumises aux dispositions du droit commun, c'est-à-dire à l'obligation d'être faites au comptant.

La loi de 1851 n'a apporté à cet égard aucune modification à la législation existante.

Les Commissaires-Priseurs, Huissiers et Greffiers, portent donc aux fonctions notariales une atteinte véritable, lorsque dans d'autres cas que ceux prévus, ils insèrent dans leurs procès-verbaux une stipulation de terme, et lorsque, pour lui donner une consécration, ils prennent, contrairement à la loi de pluviose an VII, la signature des adjudicataires qu'ils n'ont pas qualité pour certifier.

Que les Commissaires-Priseurs et autres puissent accorder personnellement des crédits sous leur responsabilité, c'est ce que personne ne leur conteste; ce droit et cette responsabilité résultent pour eux de l'art. 625, C. n., mais ils ne peuvent changer le caractère de ces crédits, et, au lieu d'une obligation à eux personnelle, en faire une convention entre le vendeur et l'adjudicataire. Ils n'ont ce droit que pour les ventes spécifiées dans la loi de 1851; pour toutes les autres ventes, ils restent sous le coup de la législation qui donne aux Notaires seuls le pouvoir de recevoir les conventions et les signatures des parties.

Les Commissaires-Priseurs et les Huissiers invoquent en leur faveur l'arrêt de la Cour de Cassation du 8 mars 1837 précité, et dans lequel ils prétendent voir un changement de jurisprudence.

De quoi s'agissait-il dans l'espèce de cet arrêt? Un Notaire avait vendu des meubles à crédit dans le lieu de la résidence d'un Commissaire-Priseur, celui-ci réclama, et sa réclamation, rejetée par les premiers juges, fut admise en appel par la Cour de Nîmes. Pourvoi et rejet par la Cour de Cassation. Lorsqu'on examine avec attention l'arrêt d'appel et celui de la Cour de Cassation, on n'y voit qu'une chose, c'est que les magistrats avaient la conviction que la stipulation d'un terme ou d'un crédit avait été insérée dans le procès-verbal pour porter atteinte au privilége du Commissaire-Priseur.

Il résulte de ces décisions qu'un Notaire *ne peut sous prétexte de vendre à terme* s'attribuer des ventes qui appartiennent à d'autres Officiers ; mais elles ne disent nullement que les Commissaires-Priseurs ont le droit de faire des ventes de meubles avec stipulation de terme obligatoire pour les parties ; elles constatent seulement, ce qui n'est pas contesté, que les lois de leur institution ne leur interdisent pas la faculté d'accorder des crédits sous leur responsabilité, ce qui peut suffire aux parties toutes les fois qu'elles n'ont pas besoin d'un titre exécutoire.

L'argument tiré de l'arrêt de 1837, pas plus que l'analogie qu'on veut faire ressortir de la loi du 5 juin 1851, ne peut donc servir à légitimer une prétention condamnée par une jurisprudence invariable, par les Commissions législatives qui ont eu si souvent à s'occuper de cette question et par le Gouvernement lui-même dans les projets de loi présentés aux Chambres, à l'exception de celui de 1840.

Deux jugements des tribunaux de Vervins, 3 mars 1859, et Cambrai, 13 avril même année, décident que les Commissaires - Priseurs et les Huissiers peuvent inscrire dans leurs procès-verbaux des stipulations de terme pour le paiement du prix.

Ces solutions contraires aux observations ci-dessus présentées, sont combattues péremptoirement dans une consultation délibérée par MM. Favier de Coulomb et Liouville, avocats à Paris, à l'appui de l'appel de la Compagnie des Notaires de Cambrai contre le jugement du tribunal de cette ville. Nous donnons ci-après le texte de cette consultation. Mais auparavant il nous a paru utile de transcrire *in extenso* les jugements des tribunaux de Vervins et Cambrai.

Jugement du tribunal de Vervins, du 3 mars 1859 :

« Attendu que la Compagnie des Notaires prétendant que les Huissiers sont sans qualité pour procéder à des ventes de meubles renfermant des stipulations de termes pour le paiement du prix, réclame des dommages-intérêts à Floquet pour avoir procédé à une vente de cette nature le 16 décembre dernier, qui ne pouvait être faite que par le ministère d'un Notaire ;

» Attendu que sans examiner quel était l'état de la législation et de la jurisprudence anciennes sur la matière, il est incontestable qu'il résulte des lois des 26 juillet 1790, 17 septembre 1793, arrêté du 12 fructidor an IV, lois des 22 pluviose an VII, 27 ventôse an IX, décret du 14 juin 1813, ordonnances des 1er et 26 juin 1816, combinés, que les Notaires, Huissiers, Greffiers de Justice-de-Paix et Commissaires-Priseurs ont, concurremment dans les lieux où ne résident pas de Commissaires-Priseurs, le droit de procéder à des ventes de toute nature ;

» Que ces lois ne font pas de distinction entre les ventes faites à terme et celles faites au comptant ;

» Qu'on ne comprendrait pas que si le législateur n'avait permis aux Huissiers, Greffiers et Commissaires-Priseurs de ne faire qu'un certaine espèce de vente, celles au comptant, il ne l'eut pas clairement expliqué ;

» Qu'au contraire, il s'est servi de termes généraux qui ne limitent pas les droits de ces Officiers publics ;

» Que le doute n'est pas possible en présence de l'article 3 de l'ordonnance du 26 juin 1816, rendue en exécution de la loi du 18 avril précédent, qui charge les Commissaires-Priseurs, dans les chefs-lieux, de procéder exclusivement à toutes les ventes publiques de meubles aux enchères ;

» Attendu qu'on soutient vainement que la stipulation d'un terme dans les ventes publiques renferme la constatation de conventions qui rentrent exclusivement dans les attributions des Notaires.

» Attendu, en effet, que la stipulation d'un terme ne renferme pas la constatation d'une convention dans le sens de la loi du 25 ventôse an XI ; qu'eût-elle un tel caractère, elle ne serait pas interdite aux Huissiers qui, ayant reçu de la loi le pouvoir de procéder à la vente publique des meubles, ont reçu par cela même implicitement le pouvoir d'en constater toutes les conditions ;

» Qu'on ne conçoit pas de vente sans conditions, soit sur le tems et l'enlèvement des meubles, soit sur la garantie des vices rédhibitoires ;

» Que d'ailleurs les articles 3 de la loi du 27 ventôse an 10 et 6 de l'ordonnance du 26 juin 1816, évidemment applicables aux Huissiers, chargent les Commissaires-Priseurs de recevoir les déclarations concernant les ventes publiques ;

» Qu'ils reconnaissent par cela même qu'il appartient aux parties acquérantes d'apporter, à la vente, telles conditions qu'elles jugent à propos, pourvu que ces conditions ne soient pas contraires à l'ordre public, à la morale ou aux lois ;

» Qu'elles peuvent donc stipuler un terme pour le paiement du prix ;

» Que les Huissiers sont chargés de recevoir leurs déclarations qui forment les conditions ou le cahier des charges de la vente, et qu'elles lient les adjudicataires par le fait de leur enchère ;

» Que la stipulation d'un terme pour le paiement du prix ne modifie en rien la forme de procéder imposée aux Huissiers ;

» Qu'ils se bornent toujours à constater que tel objet a été adjugé à tel, moyennant tel prix ;

» Que, sans doute, leur procès-verbal de vente n'entraine pas exécution parée, comme s'il avait été dressé par un Notaire, et que ce dernier eût rempli les formalités édictées par la loi du 25 ventose an XI ; mais qu'il résulte de l'article 1317 du Code Napoléon, sainement entendu, qu'il est un acte authentique et qu'il fait foi contre l'adjudicataire, alors même que ce dernier n'aurait pas signé le procès-verbal;

» Attendu que l'article 624 du code de procédure civile, loin de contrarier les principes ci-dessus posés, les confirme au besoin ;

» Que cet article ne s'applique qu'aux ventes forcées (1) ;

» Qu'il s'explique par la situation du poursuivant qui, presque toujours, agit dans un intérêt collectif, et ne peut imposer des conditions qui peuvent nuire à des intérêts qui ne sont pas les siens et par la nécessité de réaliser, le plus tôt possible, le gage qui va être distribué aux créanciers ;

» Mais qu'en prescrivant la vente au comptant il crée une exception ;

» Qu'autrement sa disposition serait inutile, si par la loi de leur institution les Huissiers et Commissaires-Priseurs ne pouvaient pas faire la vente autrement.

» Attendu que dans l'intérêt des Notaires, on soutient que l'article 1er de la loi du 15 juin 1851, permettant aux Huissiers et aux Officiers publics de vendre des fruits et récoltes, à terme ou au comptant, n'est qu'une loi d'exception, mais que l'on ne comprend pas la raison qui autoriserait les Huissiers à stipuler des termes pour le paiement dans ces sortes de ventes, alors qu'ils ne pourraient le faire dans les ventes de meubles ;

» Que le terme dans la livraison n'implique pas nécessairement un terme dans le paiement;

» Que la loi de 1851 est une loi d'interprétation ;

» Qu'à l'époque où elle fut élaborée, la question soumise au tribunal était controversée;

» Qu'elle fut vivement discutée dans les deux Chambres et que le législateur de 1851, en édictant la loi du 15 juin, a voulu mettre un terme au débat, mais qu'il n'a pas voulu apporter de modifications aux pouvoirs que les Huissiers, Commissaires-Priseurs et Greffiers tenaient de la loi.

» Attendu que non seulement les Notaires ne produisent aucun texte précis de la loi pour fonder le droit exclusif qu'ils revendiquent, mais, qu'il est constant, si leur prétention

(1) La Cour de Cassation a jugé le contraire, arrêt du 6 novembre 1860. Voir note, page

était admise, qu'ils auraient le monopole de toutes les ventes publiques de meubles; car, dans la pratique, presque toutes se font à terme;

» Que, d'ailleurs, les Notaires obtiendraient facilement des parties qu'elles se fissent à ‘ terme plutôt qu'au comptant, et, qu'ainsi, ils rendraient complètement illusoires toutes les lois sur la matière, qui veulent qu'au chef-lieu, les ventes soient faites exclusivement par les Commissaires-Priseurs, et dans les communes rurales concurremment par les Officiers publics qu'elles désignent;

» Que la prétention des Notaires serait désastreuse pour un grand nombre de ces fonctionnaires qui ont droit à la protection du législateur;

» Par ces motifs, déclare la Compagnie des Notaires mal fondée dans sa demande, l'en déboute et la condamne aux dépens. »

Jugement du Tribunal de Cambrai du 13 avril 1859.

Les 13 et 14 juin 1858. Mᵉ Rohart, Commissaire-Priseur à Cambrai, procéda dans la commune d'Esnes, requête de MM. Durieux et Cᵉ, industriels au même lieu, à la vente publique et à terme d'objets mobiliers.

Ce fait ayant été considéré comme portant atteinte et préjudice aux Notaires de l'arrondissement, valablement représentés par la Chambre, ils firent assigner Mᵉ Rohart devant le Tribunal civil de Cambrai, pour s'entendre condamner à trois mille francs de dommages-intérêts.

Cette demande a été rejetée le 13 avril 1859 par le jugement dont voici la teneur :

« Attendu que les Commissaires-Priseurs établis pour Paris par la loi du 17 ventôse an IX, et pour les départements par la loi de finances du 18 avril 1816, ont qualité pour procéder aux ventes mobilières; qu'il n'est fait aucune distinction entre les ventes au comptant et les ventes à terme;

» Que le doute n'est venu qu'à raison de la prohibition des anciennes ordonnances relativement à la vente à terme;

» Attendu que nonobstant cette prohibition, la vente à terme était passée en usage sous l'empire des ordonnances, qu'en ne faisant aucune distinction entre les ventes au comptant et les ventes à terme, la loi du 27 ventôse a voulu consacrer cet usage;

» Attendu que l'esprit de la loi de ventôse s'est révélé dans les lois subséquentes, dans celle de 1841 qui règle les attributions des Courtiers de commerce et leur confère le droit de procéder aux *ventes à terme*, aussi bien qu'aux ventes au comptant; dans celle du 5 juin 1851, qui confère aux Commissaires-Priseurs, concurremment avec les Notaires, le droit de procéder *soit au comptant, soit à terme*, aux ventes de fruits et récoltes pendants par racines et de coupes de bois taillis dont l'importance est généralement plus considérable que celle des ventes mobilières ordinaires ;

» Attendu que la vente du Commissaire-Priseur réunit toutes les conditions du contrat de vente comme celle du Notaire, que le terme pour paiement ne modifie pas le con_ trat et ne peut donner lieu à une distinction qui ne résulte pas de la loi de ventôse et se trouve repoussée par les lois subséquentes ;

» Attendu que si le contrat passé devant le Commissaire-Priseur n'a pas la force exécutoire dont est revêtu le contrat notarié, ce n'est pas une raison pour en conclure que le Commissaire-Priseur ne peut pas le recevoir, qu'il n'appartient qu'à la partie de choisir entre le Notaire et le Commissaire-Priseur, comme d'opter entre le contrat authentique et le contrat sous-seing privé ;

» Attendu qu'on ne peut tirer argument des articles 624 et 625 du Code de procédure civile qui ont rapport à des ventes faites dans des conditions toutes spéciales, et par un poursuivant qui n'est pas propriétaire des objets vendus ;

» Attendu qu'il n'y a lieu à accorder des dommages-intérêts ;

» Par ces motifs, le Tribunal déboute les demandeurs de leurs fins et conclusions, dit qu'il n'y a pas lieu à dommages et intérêts, condamne les demandeurs aux dépens. »

Voici maintenant le texte de la consultation qui conclut à l'infirmation du jugement du tribunal de Cambrai.

Le soussigné :

« Vu un jugement, en date du 13 avril 1859, par lequel le tribunal civil de Cambrai a rejeté la demande en dommages-intérêts formée par la Chambre des Notaires, contre le Commissaire-Priseur de cette ville, à raison d'une vente publique et à terme d'objets mobiliers faite par cet Officier ministériel hors du lieu de sa résidence.

» A exprimé l'avis suivant :

» Les meubles n'ont point de suite par hypothèque et leur possession équivaut à un titre régulier (1). Ils ne doivent donc en général, lorsqu'on les vend en détail, être livrés que contre espèces. Autrement le vendeur n'aurait aucune garantie.

» Cela est vrai, surtout pour les ventes à cri public, où l'annonce des enchères attire un trop grand nombre de personnes pour qu'on puisse les connaître toutes et discuter leur solvabilité.

» Aussi les Officiers publics, institués pour présider aux ventes en détail, n'ont pas reçu pour mission de conférer un titre à l'une des parties contre l'autre, mais seulement

(1) C. N. 2119, 2279.

suivant la nature de la vente mobilière, de livrer les objets vendus et d'en recevoir immédiatement le prix pour le remettre au vendeur. »

Telle était la disposition,

1° De l'édit de février 1556 portant création d'offices de Priseurs-Vendeurs de meubles;

« Et seront lesdits Priseurs-Vendeurs tenus de recevoir les deniers desdites ventes pour incontinent ou trois jours après au plus tard les délivrer aux poursuivants desdites ventes ; »

2° De l'Edit du 16 octobre 1696 et du mois de février 1771, relatifs à des créations d'offices de Jurés-Priseurs-Vendeurs de meubles, on y retrouve l'obligation pour les Officiers de recevoir les deniers ;

3° Enfin et surtout d'un acte de notoriété du lieutenant civil au Châtelet de Paris, du 27 mai 1703, ainsi conçu :

« Il leur appartient (aux Huissiers-Priseurs) de crier les meubles et de les adjuger au plus offrant et dernier enchérisseur, *dont ils doivent se faire payer le prix comptant et sur-le-champ* » *(1)*.

Ces anciennes dispositions ont d'autant plus d'importance que, selon la déclaration formelle de l'exposé des motifs de la loi du 27 ventose an IX, on a entendu rétablir les fonctions d'Huissiers-Priseurs *telles qu'elles existaient anciennement.*

Telle est aujourd'hui la disposition des articles 624 et 625 du Code de Procédure civile. C'est en vain que l'on prétend rejeter la disposition significative de ces deux articles, par le motif qu'ils ne s'appliqueraient qu'aux ventes judiciaires. Ce n'est point parce qu'il s'agit d'une vente judiciaire, mais parce qu'il est dans la nature des ventes de meubles en détail de n'être faites qu'au comptant, que le législateur a rappelé dans la loi de procédure cette disposition fondamentale.

On oppose aux Notaires l'article 3 de la loi du 27 pluviose an IX, qui donne aux Commissaires-Priseurs le droit de recevoir *toutes les déclarations concernant les ventes*; mais le mot seul de *déclaration* détruit cette objection que le jugement, du reste, a eu le bon esprit de laisser à l'écart. On sait en effet toute la différence qui existe entre une *déclaration* et une *convention.*

Mais ce qui démontre l'impossibilité où sont les Commissaires-Priseurs de lier les

---

(1) Actes de notoriété de Denisart, édition de 1759 et 1760 ; Brillon (V. Huissier-Priseur); Ferrière, Eod. V.

parties par une clause quelconque de leurs procès-verbaux, c'est la signature de ces procès-verbaux telle qu'elle est déterminée par l'art. 7 de la loi du 27 pluviose: an VII.

La première condition requise pour qu'un acte forme titre contre une partie, c'est qu'il soit signé par la partie qui s'oblige. Cette règle est générale, elle s'applique aux actes privés (1) aussi bien qu'aux actes publics (2), aux actes de l'état civil (3) aussi bien qu'aux actes notariés. Loi du 25 ventose an XI, articles 14 et 68.

On trouve encore une application remarquable de ce principe dans le décret du 17 avril 1812, relatif aux ventes de marchandises neuves. Comme ces ventes se font par lots considérables, qu'elles ne sont pas susceptibles, par conséquent, d'une tradition immédiate, qu'il faut se conformer aux époques de livraison et de paiement fixées par le Tribunal de Commerce, le procès-verbal du Courtier doit nécessairement former titre. Aussi l'article 8 du décret décide-t-il que « les acquéreurs apposeront leurs signatures sur les feuillets qui contiendront leurs enchères en témoignage des reconnaissances des lots qui leur sont échus. »

L'article 7 de la loi du 22 pluviose an VII, qui détermine la forme des procès-verbaux des Commissaires-Priseurs, décide au contraire que le procès-verbal doit être signé seulement par l'Officier public et par deux témoins domiciliés.

Il n'y est pas fait mention de la signature des parties, et, par cette omission significative, le législateur fait assez connaître que le procès-verbal du Commissaire-Priseur est un simple énoncé de faits, qu'il ne peut en aucun cas devenir un titre contre les parties, qu'il a pour seul objet de constater le fait matériel et instantané de la vente, c'est-à-dire l'échange du meuble adjugé contre le prix.

Les Notaires ne sont nommés qu'à la suite d'épreuves longues et difficiles. Ils doivent justifier d'un stage non interrompu de six années ou de l'exercice de fonctions administratives ou judiciaires.

Et pourtant la loi ne leur accorde le droit de rédiger des conventions et de les authentiquer que sous la garantie de la signature des parties contractantes.

Les Commissaires-Priseurs, au contraire, ne sont assujétis par la loi à aucune étude préalable, à aucune condition spéciale de capacité. Il suffit, pour être Commissaire-Priseur, de justifier d'une bonne moralité, de jouir des droits civils et d'être agréé par la chambre syndicale.

Il ne peut venir à la pensée de personne d'accorder à des fonctionnaires de cet ordre un

(1) C. N. 1322.
(2) C. N. 1317.
(3) C. N. 39.

9

droit qui n'a jamais appartenu aux Notaires, celui de donner un titre sans la signature de l'obligé.

Si les Commissaires-Priseurs ne reçoivent point la signature de l'adjudicataire, c'est qu'ils n'ont pas le droit de vendre à terme.

Cela répond à cette observation du jugement, que le contrat de vente constaté par le Commissaire-Priseur est aussi complet, aussi parfait que celui du Notaire. Oui, s'il s'agit du contrat qui se forme par la parole et par l'échange instantané et matériel de la chose et du prix. Non, s'il s'agit d'une vente à terme et qui doit, pour la sûreté de l'une et de l'autre des parties, se constater par une stipulation écrite. Un pareil contrat ne peut se former que par la signature des parties et le Commissaire-Priseur n'a pas qualité pour la recevoir.

Les autres propositions du jugement sont relativement de peu d'importance.

A qui persuadera-t-on, par exemple, que malgré la prohibition formelle des anciennes ordonnances dont le jugement de Cambrai reconnaît toute l'autorité, la vente à terme était passée autrefois en usage et que la loi du 27 ventôse an IX a eu pour objet de consacrer cet usage?

Il est évident que le Tribunal confond ici le terme stipulé dans le procès-verbal avec le crédit que l'Officier priseur accorde sous sa responsabilité en dehors de son procès-verbal. C'est ainsi que Denisart, après avoir rapporté la disposition de l'acte de notoriété de 1703, qui oblige les Officiers priseurs de recevoir le prix au comptant sur-le-champ, ajoute en note, qu'en conséquence ils sont garants des crédits qu'ils accordent, et, en effet, le parlement de Paris a jugé le 23 novembre 1763 qu'un Huissier-Priseur devait être responsable d'un crédit qu'il avait accordé dans une vente.

Et d'ailleurs, quand le législateur veut consacrer un usage, il ne s'exprime pas si timidement : il parle, au contraire, un langage net et explicite. On peut citer pour exemple la loi du 21 juin 1843 qui a consacré l'usage du contre-seing après coup des actes notariés et la loi du 15 juin 1851, qui a consacré pour les Commissaires-Priseurs l'usage de vendre à terme les récoltes sur pied et les taillis.

Les Commissaires-Priseurs se prévalent beaucoup de cette loi du 15 juin 1851, qui, après une lutte de plus de 20 ans, a consacré une prétention rejetée jusque-là par une jurisprudence invariable, par le Gouvernement et par toutes les Commissions législatives, excepté par celle dont M. Hébert a été l'organe le 24 avril 1840, et dont il a ensuite, comme ministre, reproduit le travail dans le projet présenté à la Chambre des Députés le 22 janvier 1848.

Eh bien, cette loi elle-même, par le soin avec lequel elle exprime que les Commissaires-Priseurs et consorts peuvent vendre, soit à terme, soit au comptant, les objets qu'elle spécifie, est un grave argument contre leur prétention. En effet, si, comme ils le soutiennent, ils trouvaient dans les termes généraux de la loi du 27 ventose an IX, le droit absolu de vendre à terme, le législateur n'aurait pas eu besoin de l'exprimer dans la loi de 1851, il lui aurait suffi de dire que les Commissaires-Priseurs pourraient vendre concurremment avec les Notaires les récoltes non détachées et les coupes de bois taillis.

Du reste, la loi de 1851 est une loi d'exception.

Quant à l'argument tiré de la loi du 21 juin 1841, sur la vente des marchandises neuves, il est absolument sans portée. Si les Commissaires-Priseurs procèdent à ces ventes dans les lieux où il n'y a pas de courtiers, c'est qu'ils agissent alors non plus en leur qualité, mais comme courtiers intérimaires; cela peut d'autant moins être contesté que les ventes de marchandises neuves, en bloc et même en détail, sont formellement interdites aux Commissaires-Priseurs par la même loi.

Tout le monde sait d'ailleurs que ce n'est point le courtier, mais le Tribunal de Commerce qui arrête les conditions de la vente des marchandises en bloc, qui détermine les lots et qui fixe les époques de paiement, il n'y a donc aucune analogie possible entre ces ventes et les ventes de meubles en détail auxquelles procèdent les Commissaires-Priseurs.

Il reste à parler de la jurisprudence.

On s'occupera d'abord de l'arrêt du 8 mars 1837, par lequel la Cour de Cassation, en confirmant un arrêt de la Cour de Nancy, a décidé qu'un Notaire n'avait pu faire dans le lieu de la résidence d'un Commissaire-Priseur, une vente de planches et bois dépendant d'une faillite avec stipulation de terme.

Cet arrêt, de même que celui de la Cour de Nancy, est bien loin d'avoir la portée doctrinale qu'on lui a attribuée. Il a décidé principalement une question de fait. Dans l'espèce, en effet, la condition de terme n'avait point paru justifiée par l'importance de la vente, et l'on y avait vu un moyen employé par le Notaire pour porter atteinte au droit exclusif qu'avait le Commissaire-Priseur de vendre au comptant dans le lieu de sa résidence.

Ce qui le prouve, c'est que l'arrêt de Nancy reconnaît que dans des cas exceptionnels où les parties auraient réellement intérêt à vendre à terme et conséquemment à avoir un titre paré, l'intervention du Notaire serait nécessaire.

C'est ce qui a été plus nettement exprimé encore par la Cour de Paris, dans un arrêt du 8 juillet 1845, rendu sur des faits à peu près analogues.

L'arrêt du 8 mars 1837 a, du reste, si peu fixé la jurisprudence, que le 27 mai de la même année, la Cour de Colmar s'est prononcée dans un sens absolument contraire, et que sa doctrine a été suivie par le Tribunal de Schélestadt, le 21 mars 1838, et par la Cour de Paris les 1er et 25 juin 1840.

On oppose, du reste, à ces décisions, les arrêts en si grand nombre qui ont rejeté la prétention des Commissaires-Priseurs pour les ventes de récoltes sur pied ; neuf arrêts de cassation, dont trois, 1er juin 1822, 8 juin 1831, 11 mai 1837 (chambres réunies); Douai, 7 mai 1818; Amiens, 21 novembre 1833; Paris, 10 juin 1826, 19 janvier 1828, 16 mai 1829, 29 février 1832, 16 avril 1835, 18 juillet 1837, 1er et 25 juin 1840; Coutrà, Cass., 7 mai 1818; Orléans, 11 mai 1827; Rouen, 25 mars 1837, 19 décembre 1839, et pour les ventes des fonds de commerce et d'achalandage ; Cass., 15 février 1826, 23 mars 1836; Colmar, 30 juin 1837; Paris, 26 mai 1832, 15 juin 1833, 4 décembre 1843; Rouen, 15 décembre 1845.

L'arrêt de la Cour de Cassation du 27 mai 1836 peut surtout servir de réfutation à la doctrine de l'arrêt du 8 mars 1837. Il y est dit en termes formels que les ventes de *fonds de commerce sont interdites aux Commissaires-Priseurs, parce que n'étant susceptibles d'aucune transmission manuelle*, elles entraînent souvent la nécessité de conventions accessoires telles que transports de droits, cessions de baux, stipulations de terme et délai, toutes conventions dont les Commissaires-Priseurs ne sauraient être les Officiers instrumentaires.

Il serait facile de multiplier les citations, mais on se bornera à rappeler ici les paroles de deux hommes également renommés par leur science, et d'autant plus compétents en cette matière qu'ils étaient plus familiers avec les traditions de l'ancienne jurisprudence.

M. le Procureur général Mourre disait à la Cour de Cassation, dans l'audience solennelle du 1er juin 1822 :

« Il faut dire à la Cour que les Commissaires-Priseurs ne peuvent vendre qu'au comptant. C'est un point qui n'est pas susceptible du moindre doute. Bien entendu que le Commissaire-Priseur peut faire crédit à l'adjudicataire ; mais c'est là son affaire. Les parties qui poursuivent la vente n'entrent pour rien dans cette complaisance, elles ne connaissent que le Commissaire-Priseur, et c'est à celui-ci à supporter tous les risques du crédit. Et comment pourrait-il en être autrement? Le procès-verbal n'a pas de force exécutoire, il ne fait pas même titre contre les tiers, puisque les tiers ne l'ont pas signé. Comment les parties venderesses pourraient-elles prendre le procès-verbal pour équivalent de la somme qui aurait dû être payée comptant? que feraient-elles d'un pareil titre qui n'a aucun caractère constitutif de créance contre les tiers? Et quand même le procès-verbal aurait le caractère d'une preuve, ce qui n'est pas, aurait-il une exécution parée? Quand le Commissaire-Priseur vend à crédit, il sait bien ce qu'il fait: il connaît parfaitement les adjudicataires; si sa confiance est trompée, tant pis pour lui. Encore une fois, la loi suppose toujours que le prix a été payé comptant.

M. Tripier, au nom de la Commission chargée de l'examen du projet de loi, le 8 janvier 1835, disait à la Chambre des Pairs, dans la séance du 12 janvier :

« Dans les ventes au comptant, les intérêts du vendeur sont protégés contre les erreurs ou les abus de l'officier par la garantie qui pèse sur lui. Il reçoit ou doit recevoir le prix à l'instant de la délivrance ; il en est donc personnellement responsable. Dans les ventes à terme, le vendeur perd nécessairement son recours contre l'officier qui est autorisé à délivrer la chose sans en recevoir le prix. Il n'a plus qu'une action contre des acheteurs qu'il ne connaît pas et souvent insolvables. N'y aurait-il pas imprudence à confier à tous les officiers le pouvoir de donner aux vendeurs les débiteurs qu'il leur plairait de choisir. Ils pourraient seuls et par leurs procès-verbaux, qui feraient foi jusqu'à inscription de faux, former des contrats entre des individus qui n'auraient pas signé. Un pouvoir aussi redoutable peut-il être étendu à un si grand nombre d'officiers. Enfin, pour les adjudications à terme, il importe au vendeur d'obtenir un titre exécutoire qui le dispense de recourir aux tribunaux. »

Que pourrait-on ajouter à des paroles d'une si grande autorité.

En résumé, on ne conteste pas aux Commissaires-Priseurs la faculté d'accorder, en dehors de leurs procès-verbaux, des crédits dont ils sont nécessairement garants envers le vendeur.

C'est là leur droit, mais ce droit est le seul toutes les fois que, comme dans la cause, ils insèrent dans leurs procès-verbaux et au nom du vendeur, une condition du terme, ils font ce qu'ils n'ont plus le droit de faire. Ils empiètent sur les attributions des Notaires, et cet empiètement doit être réprimé, car les attributions des différents officiers sont d'ordre public.

C'est la Cour de Douai qui, par son arrêt du 7 mai 1818, a inauguré la jurisprudence qui a réprimé les usurpations de cette nature. Elle saura maintenir, dans la circonstance actuelle, l'autorité de ses décisions.

Délibéré à Paris, le 31 juillet 1859.

Signé : FAVIER DE COULOMB.

Le conseil soussigné adhère, par les motifs y exprimés, à la consultation de son confrère Me Favier de Coulomb, sur l'appel d'un jugement du Tribunal de Cambrai, en date du 13 avril 1859, rendu en faveur des Commissaires-Priseurs à l'occasion des ventes à terme.

En donnant cette adhésion, il est fidèle à l'opinion qu'il a défendue il y a 19 ans, devant la Cour de Paris.

En 1839, le Tribunal de Vitry-le-Français avait jugé, comme vient de le faire le Tri-bunal de Cambrai, l'appel fut porté devant la 2ᵉ Chambre de Paris et le jugement infirmé le 25 juin 1840.

L'arrêt de la Cour résume toute la discussion :

« La Cour, en ce qui touche les ventes à terme faites par Paquet, huissier; Battelier, Commissaire-Priseur; Mathieu, greffier;

» Considérant que les lois invoquées dans la cause et notamment la loi du 26 juillet 1790, le décret du 17 septembre 1793, les lois des 27 ventôse an IX et 28 avril 1816, en autorisant les Huissiers, Greffiers, Notaires et Commissaires-Priseurs, à faire, concurrem-ment dans les lieux autres que le chef-lieu de l'établissement de ces derniers, la vente des effets mobiliers, ne leur ont donné cette faculté que dans les limites de leurs attributions respectives.

» Que les Notaires sont, par la loi de leur institution, investis du droit exclusif de recevoir les conventions des parties et d'imprimer aux actes qu'ils renferment un carac-tère d'authenticité ;

» Que ce pouvoir, soumis même à l'accomplissement de certaines formalités, em-brasse de plein droit celui de constater des stipulations qui interviennent entre des par-ties, dans une vente de choses mobilières, soit par rapport au paiement du prix, soit à l'égard de toutes autres conditions auxquelles la vente serait soumise ;

» Considérant que les Commissaires-Priseurs, les Greffiers, les Huissiers personnel-lement responsables du prix des adjudications et obligés de délivrer les objets vendus en échange du prix, sont sans droit pour constater l'obligation contractée par l'acquéreur de payer dans un certain délai;

» Qu'autrement chacun d'eux jouirait du privilège exorbitant de constater seul et sans l'adjonction de témoins toutes autres stipulations que pourraient faire les parties;

» Que leur procès-verbal qui, d'après la loi et l'usage, ne doit contenir que la cons-tatation d'un fait, ou les déclarations concernant la vente, aurait ainsi le caractère d'un véritable contrat, pour l'exécution duquel ils ne pourraient délivrer de grosses en forme exécutoire;

» Considérant qu'il est constant en fait que les ... février ... mars, Paquet, Huissier, Battelier, Commissaire-Priseur, Mathieu, Greffier de la Justice-de-Paix de Saint-Remy, ont fait des ventes publiques *à terme d'objets mobiliers ;*

» Que les ventes sus-énoncées indûment faites par les intimés ont causé aux Notaires de l'arrondissement représentés par L'homme, leur syndic, un préjudice dont il est dû réparation ;

» A mis et met l'appellation et ce dont est appel au néant emendant décharge l'appelant des condamnations prononcées contre lui ; au principal condamne les intimés à payer à titre de dommages-intérêts, etc. »

Du 25 juin 1840, Cour d'appel de Paris, 2e Chambre, Président, M. Hardouin ; conc. conf., M. Tardif.

Plaidants, Mes Liouville et Gaudry.

Depuis, il est intervenu un arrêt en sens contraire de la Cour de Caen, le 24 juin 1847.

On y trouve un argument nouveau, *c'est que les procès-verbaux des Commissaires-Priseurs renferment nécessairement des conditions*, notamment sur le temps et le mode de l'enlèvement des meubles, d'où on conclut qu'ils peuvent contenir la stipulation d'un terme.

Mais on oublie :

1° Que la loi de ventôse an IX, qui permet les déclarations, ne permet pas les stipulations ;

2° Que les clauses auxquelles l'arrêt fait allusion ne sont pas même des déclarations, mais de simples indications ;

3° Que ces *indications* sont *nécessaires* à la vente et font partie de l'enlèvement et de *la mise en possession* de la chose vendue, ce qui, à vrai dire, ne constitue qu'un *simple fait, conséquence obligée* de l'adjudication, et qui, même au cas de silence du procès-verbal, serait sous-entendu, tandis que le terme est une clause, une stipulation qui non-seulement n'est pas nécessaire à la vente, mais qui n'est pas même de sa nature, puisque la vente sans stipulation de terme est réputée faite au comptant.

Ceci répond à l'argument mis en avant par le Tribunal de Cambrai, lequel consiste à dire que le terme ne modifie pas le contrat de vente.

C'est là une erreur, la stipulation d'un terme est une des graves modifications du contrat de vente, par cela seul qu'à la fois elle met et laisse l'acquéreur en possession de tout et de la chose d'autrui et de son argent.

Restent les arguments tirés de deux lois postérieures à l'arrêt de 1840.

Le premier est emprunté à la loi du 20 juin 1841 sur les marchandises neuves. La consultation fait justement observer que les Commissaires-Priseurs font alors fonctions de courtiers pour une espèce de vente que cette loi elle-même leur interdit d'une manière générale (article 1er) ; qu'ils doivent, par conséquent, en avoir tous les droits ; et que, d'ailleurs, les conditions qu'ils insèrent ne viennent ni d'eux ni des parties, mais appartiennent au Tribunal de Commerce.

On peut ajouter que cette loi est une loi d'exception et que par conséquent si les droits qu'elle accorde confirment la règle, c'est à titre de dérogation et non pas d'application.

Le second argument est tiré de la loi du 15 juin 1851 sur les ventes publiques volontaires de récoltes pendantes par branches et racines.

Mais le droit que cette loi accorde aux Commissaires-Priseurs est par lui-même la preuve que la loi commune le leur refuse, sans cela cette disposition nouvelle eut été superflue, et c'est ainsi qu'avant elle avait décidé le plus grand nombre des arrêts.

Notre avis est donc qu'il y a lieu d'infirmer le jugement de Cambrai.

Délibéré à Paris, le 3 août 1859, par le Conseil soussigné, docteur en droit, ancien bâtonnier.

Félix LIOUVILLE, ancien bâtonnier.

Nous avons reproduit avec vérité et impartialité tous les éléments de jurisprudence sur les points contestés entre les Notaires, les Commissaires-Priseurs et les Huissiers. Il importait de constater la situation respective de ces officiers afin d'établir la distinction qui doit exister entre eux.

Malgré le jugement du Tribunal de Vervins du 3 mai 1859, et l'arrêt de la Cour de Douai actuellement soumis à la Cour suprême (1), en date du 25 avril 1860, confirmant un jugement du Tribunal de Cambrai du 13 avril suivant, reconnaissant le droit des Commissaires-Priseurs et Huissiers de procéder aux ventes de meubles à terme, nous dirons avec le *Journal du Notariat* (2) que la question n'est pas tranchée et que les Notaires ont seuls droit de procéder aux ventes de meubles à terme.

Dans la dissertation qui précède, nous avons émis l'opinion (3) que les Huissiers habitant les campagnes ou les parcourant incessamment pour l'exercice de leurs fonctions ordinaires, que par leur position sociale, ils se rapprochent plus qu'aucune autre classe d'Officiers publics des propriétaires et des cultivateurs, qu'ils possèdent d'ailleurs un puissant levier d'influence dans l'espèce de crainte qu'inspire la rigueur de leur ministère ordinaire, et qu'enfin une fois investis du droit de procéder aux ventes publiques à termes, ils parviendront certainement, dans un temps donné, à attirer à eux la majorité, sinon la totalité de ces ventes. Nous pouvons, à l'appui de cette opinion, citer un exemple : Depuis longtemps un Huissier de canton de l'arrondissement d'Arras procède à des ventes de meubles à terme et ne craint pas d'ajouter à ses annonces : LONG DÉLAI

(1) M. Hardouin, conseiller rapporteur ; cet honorable magistrat présidait en 1840 la 2me chambre de la Cour Impériale de Paris laquelle infirma le 25 juin 1840 sur la plaidoirie de Me Liouville un jugement du tribunal de Vitry-le-Français de 1839, voir l'arrêt page 70.
(2) No 14 mars 1860.
(3) Page 33.

POUR LE PAIMENT ; puis lors de la vente il fixe l'exigibilité du paiement à trois ou quatre mois de crédit ! ! !

Mais alors ce n'est plus sous sa responsabilité personnelle, et les personnes qui poursuivent la vente n'ont plus de recours contre lui. Dans une vente très-importante (succession Lemaire), voir le *Courrier du Pas-de-Calais* du 27 janvier 1861 (14 chevaux et tout un mobilier de ferme), un grand nombre d'amateurs y étaient venus de communes assez éloignées, adjudicataires qu'il ne pouvait pas connaître et par conséquent n'offrant pour lui aucune espèce de garantie de solvabilité. Cependant les objets étaient livrés *séance tenante* (sauf les récoltes en grange et en meule qu'il fallait compter). *Le procès-verbal n'a pas de force exécutoire (1), il ne fait pas même titre contre les tiers, puisque les tiers ne l'ont pas signé.* Comment les parties venderesses pourraient-elles prendre le procès-verbal pour équivalent de la somme qui aurait dû être payée comptant, *que feraient-elles d'un pareil titre qui n'a aucun caractère constitutif de créance contre les tiers,* et quand même le procès-verbal aurait le caractère d'une preuve, *ce qui n'est pas, aurait-il une exécution parée,* il faudra que les vendeurs intentent une action contre chaque acquéreur, et comme le disait très-bien M. le Garde-des-Sceaux à la Chambre des Députés le 29 décembre 1834 : *Le procès durera six mois, un an (2) ;* mais on répondra : Qui vous dit que le clerc appelant chaque adjudicataire en particulier ne leur fait passigner un cautionnement sous seing-privé. En admettant cette hypothèse, qui n'ajoute pas de garantie pour le vendeur, l'acquéreur paie des frais doubles, puisque c'est un nouvel acte en dehors du procès-verbal, qui ne donne à ce dernier aucune force et qui, pour être mis à exécution, devra être enregistré. Sans empêcher le jugement, des huissiers en agissant ainsi, reconnaissent donc qu'ils ne peuvent stipuler dans leurs procès-verbaux aucune convention. Qu'est-ce donc que la stipulation d'un terme, sinon une *convention ?*

Non seulement l'Huissier qui a procédé à la vente mobilière annonçait le même jour le mobilier et matériel de ferme, mais encore un *moulin à vent monté sur pioche et faisant de blé farine, pourvu d'une bonne clientèle.* Ce moulin était érigé sur un terrain appartenant à un autre propriétaire et devait rester, aux termes du bail passé pour 40 ans et expirant en 1863, affecté à la garantie de la redevance due au propriétaire.

Nous avons vu *suprà* que les Commissaires-Priseurs et les Huissiers ne peuvent vendre que les objets réputés meubles par leur nature ou par la détermination de la loi avant la vente et au moment même de la vente; or, un moulin affecté à la garantie d'une redevance est-il mobilier; quand on le vend *pourvu d'une bonne clientèle* ce n'est donc

(1) Page 47.
(2) Page 21.

pas pour être enlevé, d'autant plus qu'on promettait le consentement du propriétaire à la vente du terrain.

La Cour de Cassation a jugé le 11 mai 1834 que le moulin qui tourne sur un pivot pratiqué au milieu de 2 madriers en croix et *posant* sur 5 piliers en briques, est immeuble par nature quoiqu'il puisse s'enlever à volonté sans causer le moindre dommage à la maçonnerie sur laquelle il n'est pas autrement fixé que par son propre poids. On doit dire à l'appui de cette décision, que la machine à moudre du moulin, si elle n'est pas *fixée*, se trouve néanmoins posée par 4 piliers en maçonnerie qui représentent un bâtiment. Ce qui fait rentrer le moulin dans les termes de l'article 519 du Code Napoléon lequel répute immeubles par nature les moulins à vent (1).

Il y a donc ici tentative d'immixtion dans les fonctions de Notaire, et je conclus à ce qu'il soit intenté une demande en dommages et intérêts contre le sieur Capron, Huissier à Croisilles, pour : 1° Avoir vendu à terme le mobilier et matériel de ferme dépendant de la succession de M. Lemaire ;

Et 2° avoir tenté de s'immiscer dans les fonctions de Notaire en annonçant la vente d'un moulin *monté sur pioche pourvu d'une bonne clientèle.*

Me réservant d'indiquer d'autres ventes auxquelles il a procédé aux mêmes conditions.

Il est bon de faire observer que parmi les héritiers du sieur Lemaire il existe des mineurs, et que l'exécuteur testamentaire n'a pas rempli les formalités judiciaires pour procéder à la vente du mobilier. Je ne puis penser que ces formalités prescrites par l'article 452 du Code Civil n'ont pas été remplies à l'instigation de l'Huissier Capron, qui n'aurait pas été commis, puisque dans la loi de 1851 la Commission a fait ajouter le mot *volontaire*, afin, a dit M. le Rapporteur, qu'il fut bien entendu *que les ventes judiciaires demeurent soumises au code de procédure civile ou aux lois spéciales qui les régissent* (2).

Cette observation justifie complètement ce que je disais : que les Huissiers, par leur position, habitant les campagnes et les parcourant incessamment, pourraient user de leur influence pour enlever aux Notaires les ventes de meubles à terme s'ils avaient le droit d'y procéder, ce qui n'est pas.

Les conclusions de ce rapport ayant été adoptées, une instance fut introduite contre l'Huissier Capron devant le tribunal d'Arras, et le 17 juillet le tribunal rendit le jugement suivant (3) :

Entre le sieur Edouard-Xavier Cuvelier, Notaire à la résidence d'Arras, y demeurant

---

(1) Garnier, t. 1er, 3687, et 3, 14150 ; Dalloz, J. G., t. 6. (distinct des biens, n° 29) ; Duranton, t. 4, n° 22 ; Tanlier, t. 2, page 145.

(2) *Bulletin des Lois* 1851, art. 2278 notes.

(3) MM. Gardin, président ; Boutry et Legentil, juges ; Des Hayes de Marcère, substitut.

et domicilié, agissant en sa qualité de syndic de la Chambre des Notaires de l'arrondissement d'Arras, et en vertu d'une délégation aux fins ci-après, par délibération de ladite Chambre des Notaires, en date du 6 mai 1861, demandeur comparant par Mᵉ Cabuil, Avoué d'une part ;

Et le sieur Amand-François-Joseph Capron, Huissier près le tribunal de première instance d'Arras, demeurant à Croisilles, défendeur ;

2° Et le sieur Adolphe-Laurent Déplanque, Huissier près ledit Tribunal, demeurant à Arras, agissant en sa qualité de syndic de la Communauté des Huissiers de l'arrondissement d'Arras et en vertu d'une délibération de ladite Communauté des Huissiers, en date du 26 mai, susdit mois, intervenant, comparaissant tous les deux par Mᵉ Monvoisin, leur Avoué.

Ouï, le demandeur, par l'organe de Mᵉ Lenglet, Avocat, assisté de Mᵉ Cabuil, Avoué, le défendeur et l'intervenant par l'organe de Mᵉ Paris, Avocat, assisté de Mᵉ Monvoisin, leur Avoué, et M. Des Hayes de Marcère, substitut du Procureur Impérial, en ses conclusions, à l'audience du 2 juillet :

Considérant que si les Officiers publics sont investis d'un monopole, et si dès lors ils doivent être strictement limités dans leurs attributions sans qu'il puisse jamais y avoir empiétement des uns sur les autres ; il faut reconnaître qu'en matière de ventes des meubles, le législateur a établi une concurrence entre des Officiers publics d'ordres différents et a abaissé sous ce rapport les barrières qui séparaient leurs diverses fonctions ;

Qu'en attribuant en particulier aux Huissiers le droit de procéder concurremment avec les Notaires à ces sortes de ventes, il les a nécessairement investis du droit de les constater, et par conséquent d'une part des attributions dévolues en principe auxdits Notaires ;

Qu'il suit de là que les Huissiers sont, relativement à ces ventes, placés dans les mêmes conditions que les Notaires et agissent concurremment avec eux, suivant les expressions formelles de l'article 37 du décret du 14 juin 1813, qu'il suit encore que les Huissiers investis au même titre que les Notaires du droit de procéder aux ventes, d'en recevoir le prix et de les constater par des procès-verbaux, ont aussi le droit de constater les conditions nécessaires, soit de la vente elle-même, soit du paiement et par conséquent la stipulation d'un terme, d'une caution ; que ces stipulations n'altèrent en rien la substance du contrat de vente ; que ce principe et les conséquences qui en découlent logiquement, loin d'être en désaccord avec les monuments du droit aux diverses époques, y trouvent au contraire leur confirmation ; qu'on ne trouve, en effet, dans aucun d'eux l'interdiction pour les Officiers ministériels investis du droit de procéder aux ventes mobilières, de les faire à terme ;

Que si quelques-unes des dispositions du droit ancien ne peuvent s'appliquer qu'à des ventes au comptant, c'est que, d'une part, comme dans l'édit de 1556, ces dispositions ont en vue des ventes forcées, c'est-à-dire un cas exceptionnel, et que d'autre part, à une époque où la fortune mobilière avait peu d'importance, et où le crédit était presque nul, les ventes de meubles se faisaient à peu près exclusivement au comptant, et que le législateur ne se préoccupait pas des ventes à terme ; que l'édit de 1556 n'a plus d'ailleurs aucune autorité légale, et que l'arrêté du 27 nivôse an v n'a rendu force de la loi qu'à l'édit de 1771, aux lettres patentes de la même année, à l'arrêté du Conseil d'Etat du 21 août 1775 et à celui du 13 novembre 1778, lesquels ne font aucune distinction entre les ventes à terme et celles au comptant ;

Que le droit intermédiaire, en ressuscitant soit sous des noms nouveaux, soit sous les mêmes noms, les anciens Officiers ministériels, et en leur rendant la concurrence avec les Notaires pour les ventes de meubles, n'a fait aucune distinction entre les ventes au comptant et les ventes à terme, et a par suite consacré implicitement le droit qu'ils tenaient, au moins de l'usage, de procéder aux unes comme aux autres ;

Que le législateur moderne, en présence de l'importance chaque jour plus grande de la fortune mobilière, du développement du crédit et des difficultés que soulevaient les contestations entre les Notaires et les Officiers ministériels relativement aux ventes à terme, a donné au principe de la concurrence absolue une consécration manifeste ;

Qu'en effet, lorsqu'il a voulu non pas modifier mais étendre à d'autres objets le droit préexistant des Officiers ministériels de procéder aux ventes de meubles, il s'est servi d'expressions qui impliquent lorsqu'elles ne l'expriment pas formellement, le pouvoir de constater soit des termes de paiement, soit d'autres conditions de la vente.

Ainsi, dans les lois des 27 ventôse an ix et 28 avril 1816, il n'a fait aucune distinction entre les ventes à terme et les ventes au comptant, et a maintenu en faveur des Commissaires-Priseurs la faculté de faire les premières, comme les anciens Huissiers-Priseurs avaient coutume de les faire. Ainsi, dans la loi du 25 juin 1841, la même faculté est expressément reconnue aux Courtiers de commerce, et dans celle du 15 juin 1851 elle est encore formellement consacrée en faveur des Commissaires-Priseurs pour les ventes de récoltes et bois taillis, qu'en l'absence de tout motif particulier pour donner aux droits de ces Officiers ministériels une étendue plus grande dans ces ventes spéciales que dans celles qui leur étaient déjà attribuées, il faut reconnaître que ces lois nouvelles n'ont fait que constater et appliquer un droit préexistant.

Considérant que si les procès-verbaux des Huissiers ne constituent pas un titre conférant hypothèque et emportant exécution parée comme les actes notariés, cette circonstance, qui peut-être pour les parties une raison de préférence en faveur des Notaires, n'est nullement exclusive du droit revendiqué par les Huissiers ;

Que les Notaires ne peuvent pas tirer, en faveur du monopole qu'ils prétendent s'attribuer, des dispositions des articles 624 et 625 du Code de Procédure civile, qu'il n'existe en effet aucune analogie entre les ventes forcées dans lesquelles le vendeur n'est pas maître absolu de la chose vendue, qui doit, dans l'intérêt des ayant droit, être immédiatement remplacée par le prix, et les ventes volontaires dans lesquelles le vendeur propriétaire peut stipuler toutes les conditions et consentir à toutes les formalités que son intérêt comporte ;

Considérant que le moulin vendu par le ministère de l'huissier Capron, le 18 mars dernier, était posé sur quatre piliers en maçonnerie et maintenu en équilibre sur ces piliers par son seul poids, sans y adhérer par aucune attache, et pouvait être déplacé, sans dislocation du terrain ou des appuis qui le supportaient ;

Qu'un moulin ainsi établi, quelque difficile que soit son déplacement, rentre exactement dans la définition des meubles décrits article 528 du Code Napoléon, qu'il subsiste et peut fonctionner indépendamment des appuis sur lesquels il repose, que ces appuis ne sont par rapport à lui qu'un mode de nivellement et de consolidation de terrain ;

Que si les dès en maçonnerie sont incorporés au sol par préciput de la nature immobilière de celui-ci, il n'en peut être de même de la machine posée sur leur surface et qui ne fait pas corps avec eux ;

Que cette machine a conservé le caractère de meuble qui lui est attribué expressément par l'article 531 du même Code ;

Considérant toutefois que le droit général des Huissiers de procéder, concurremment avec les Notaires aux ventes de meubles, doit être restreint aux objets qui sont meubles par leur nature, ne peut évidemment s'appliquer à la cession des droits incorporels ;

Que si l'Huissier Capron, en procédant à la vente du moulin dont s'agit, a vendu en même temps la clientèle et le droit au bail du terrain sur lequel le moulin était érigé, il a nécessairement dépassé la limite de ses attributions et empiété sur celles des Notaires ;

Que, par suite, la preuve offerte de ce chef par les demandeurs est relevante et admissible ;

Considérant que la corporation des Notaires et celle des Huissiers avaient un intérêt évident et actuel à la solution du procès et que leur intervention était recevable ;

Le Tribunal, statuant en premier ressort, reçoit Déplanque, ès-qualité qu'il agit, intervenant dans la cause, dit qu'à bon droit l'Huissier Capron a procédé aux ventes des meubles reprises aux conclusions du demandeur, y compris le moulin dépendant de la succession Lemaire, déclare le demandeur et la Chambre des Notaires non recevables et mal fondés dans leurs demandes, fins et conclusions sur ces divers chefs, et en ce qui concerne la clientèle du moulin et le bail du terrain sur lequel il est érigé, avant faire droit et sans préjudice à ceux des parties, admet ledit demandeur à prouver par toutes les voies de droit, et ce pardevant M⁰ Boutry, juge à ce commis :

1° Que le 18 mars 1861, lors de la vente publique volontaire après le décès des sieurs Lemaire frères, de Croisilles, lorsque le moulin à vent fut mis en vente, il a été formellement exprimé par l'Huissier Capron que le moulin allait être vendu avec sa clientèle ; que non-seulement la marquise d'Aoust a consenti à la cession du restant du bail à courir, mais qu'elle s'engageait à faire un nouveau bail de neuf années ;

2° Qu'après cette déclaration, les derniers enchérisseurs devenus adjudicataires déclarèrent qu'ils ne considéraient la vente comme définitive qu'après qu'ils se seraient assurés du consentement de la marquise d'Aoust ;

3° Qu'ils vinrent en effet à Arras s'assurer de ce consentement auprès du receveur de la dame d'Aoust ;

4° Qu'enfin le consentement à la cession du bail et le nouveau bail de neuf ans par la marquise d'Aoust ont été passés au profit de l'adjudicataire, à Saint-Léger, par le ministère de M⁰ Gambart, Notaire à Douai.

Circonstances et dépendances desdits faits.

Le défendeur entier en preuve contraire, dépens réservés.

26